被告人の事情／弁護人の主張

裁判員になるあなたへ

村井敏邦・後藤貞人 編

法律文化社

はしがき

　裁判員裁判が実施される。司法への市民参加の新しい幕開けである。この裁判員裁判の対象事件は，故意による行為によって生命が奪われた犯罪に関わる事件か，法定刑に死刑か無期懲役を含む犯罪に関わる事件とされている。先日，NHKテレビで1つの模擬裁判が放映された。この模擬裁判の題材とされた強盗殺人の法定刑は死刑または無期懲役であった。裁判官役は元裁判官が行ない，裁判員役は一般市民から無作為的に選ばれた人があたったということであった。評議の模様も流され，裁判員たちが事実認定と量刑に悩む様子も映し出されていた。印象的だったのは，裁判官たちは，殺意の認定についても死刑の選択についても，あまり悩んでいないのに対して，裁判員役の多くの人が最後の評決に至るまで悩み，さらに，模擬裁判後1ヶ月以上経ったインタヴューにおいても，悩んでいるということが報道されたことである。私は，このような裁判員の悩みながらの判断こそ，裁判員制度を導入することの目的にかなうと感じた。しかし，他方，このような重大な事件の裁判に裁判員が関与するということについて，市民の間にかなりの不安があることも理解できた。

　これまで，司法への市民参加の制度がまったくなかったわけではない。戦前の1928［昭和3］年から1943［昭和18］年までの15年間，陪審裁判が行われていた。そのもとになった陪審法は，戦争が激しくなるなか，停止されたが，戦後も廃止されたわけではなく，現在も法律としては存在している。

　今回の裁判員制度は，この旧陪審法を復活させたものではない。陪審員となるには一定の所得税を納めており，男性に限られるなど，旧陪審法は現在の観点から見ると，基本的な点での問題があり，そのまま復活することは到底できない。しかし，日本にも陪審裁判があったということの歴史的意義は大きい。

　天皇主権から国民参加への転換を見た現憲法下においては，司法への市民参加は主権の行使であり，参加要求は戦前よりも強いはずである。少なくとも，私はそう思っていた。ところが，事実は必ずしもそうではないようである。できれば裁判員になりたくないという人は，実施を前にした時点で少し減ってき

た模様であるが，それでもまだ相当数の人がなりたくないという意見を表明している。

　人を裁いて刑を科すという仕事は，大変な仕事である。時間的にも，また，精神的にも負担が大きい。どのような事件があり，どんな人が起訴されてくるのか，テレビや新聞で報道される範囲ならば，興味を持たないわけではないが，よくわかりもしない事件に深くかかわりたくない。そんな仕事は専門家である裁判官に任しておけばいいので，他の仕事で忙しい市民を関わらせなくてもいいではないか。そうした仕事が大切だということはわかるが，やりたい人だけでやればいいだろう。他人はともかく自分はやりたくない，などなど。

　裁判員になることに消極的な気持ちになるのも理解できる。しかし，大変だからといって，専門家だけに任せておいていいものだろうか。主権在民という憲法の最も基本的な原理は，司法権を含めてこれを行使する権利と責任を持つのは，国民であるということだ。英米では，陪審制が長い伝統を持って実施されている。裁判官は，日常的に事件に接し，有罪無罪を判断し，被告人に刑を科している。多くの事件を扱っているから，被告人がその事件を犯したのかどうか，犯したとした場合に，刑はどのくらいにすればよいかについて判断することになれている。しかし，問題は，この「なれ」である。日本の刑事裁判においては，これまでのところ，起訴された事件の99％以上が有罪になっている。最近は，裁判員裁判の実施を意識したためか，無罪主張の事件のうちでの無罪率は少し増えてきているようである。それでも，せいぜい２％少々である。このような状況のなかでは，事実認定に「なれ」た裁判官には，どうせこの事件も有罪であろうという先入観が生まれてきがちである。証拠の関係でも，被告人がどんなに殺意を否認していても，これまでの経験からすれば，心臓に近い部分を刺していれば，殺意があったに違いないと，被告人の言い分に耳を傾けるよりも，統計上の数値や自らの経験を重んじた判断をしがちである。これが，事件による違いを無視することになるおそれがある。量刑判断の上でも，これまでの裁判では，こうした事件は懲役〇〇だなと，事件１つ１つの違いや被告人の違いを軽く見る傾向が生まれがちである。

　実際の事件はこのような画一的な判断になじまないほどの多様性をもっている。本書では，弁護人が実際に扱った事件を題材にして，事件に多様性がある

ことが示されている。たとえば，強盗致傷などといういかにも重大な罪名の事件の発端が，路上のかっぱらいであったなどである。

　このような事件の多様性は，事実認定にも量刑判断にも微妙な違いを生じさせる。専門家でない市民が事件に向き合ったとき，事件を扱いなれていると思っている裁判官以上に，事件ごとの違いに驚くことになるだろう。この新鮮な驚きが大切である。それが，専門家の「なれ」によるゆがみをただす重要なばねの役割を果たす。

　これまで，刑事弁護人は専門家の「なれ」によって生れるゆがみをただそうとして，一般市民の目を代弁して論じてきたところがある。裁判員裁判のもとでは，一般市民から選ばれた裁判員を相手に弁論をし，検察官の主張に反論をする。このような弁護人の苦労を示すことによって，裁判員となる市民の方々に，市民として果たす役割をわかってもらおうという趣旨で，本書が企画された。

　読者は，本書には以上のようなの企画趣旨があることを十分に理解していただいて，事件の顔にじっくりと向き合っていただきたい。

2009年4月14日
村井　敏邦

もくじ

はしがき

刑事裁判の本質と刑事弁護 001

◆ 事件数から考える

① **強盗致傷罪**——これでも強盗致傷？
　　Case（019）　*Comment*（028）
② **殺　人　罪**——大人しい彼に殺意が芽生えるとき
　　Case（035）　*Comment*（048）
③ **放　火　罪**——密室でつくられる放火というウソ
　　Case（055）　*Comment*（065）

　　　　　　　　　　Topic 1　供述証拠 068

◆ 論点から考える

④ **死刑事件**——生命（いのち）の重み
　　Case（077）　*Comment*（087）

　　　　　　　　　　Topic 2　評　　議 092

⑤ **量刑問題**——罪の重さを決める
　　Case（099）　*Comment*（112）

　　　　　　　　　　Topic 3　被害者参加制度 117

⑥ **責任能力**──「通り魔」なのか病気なのか？
　　Case（125）　*Comment*（136）

　　　　　　　　　　　　Topic 4　犯罪報道 ……………… 141

⑦ **障がい者による事件**──ハンディを負った1人の半生
　　Case（149）　*Comment*（157）

⑧ **少年逆送事件**──少年ゆえの未熟さ
　　Case（165）　*Comment*（176）

裁判員時代の刑事弁護 ……………………………………………… 181

あとがき

* 本書は，刑事弁護人によるケース報告［Case］に対して，研究者・元裁判官がコメント［Comment］を加えることによって刑事裁判の見方を提示し，そこで扱うことができなかった問題，さらに深く考えるべき問題をトピック［Topic］としてフォローするという構成をとっています。

刑事裁判の本質と刑事弁護

1 法律家は禍か

(1) 一般の人にとって、できれば厄介になりたくない場所はどこかと聞けば、まず、警察署とか刑務所があげられるであろう。そして、検察庁、裁判所と、司法機関の名前が続き、「そうだ、それよりも、弁護士事務所、弁護士会というようなものには、厄介になりたくないな」という反応があるだろう。そして、「お近づきになりたくない人の筆頭は？」と聞けば、「法律家」と即座に声があがるかもしれない。古今東西、「よき法律家は悪しき隣人」と言われ、法律家の評判は隣人にはよろしくない。ロールズという人は、「禍なるかな法律家」という本を書いて、世の人々が法律家をいかに嫌っているかを示している。

しかし、法律家にも言い分がある。「『悪しき隣人』とか『禍なるかな』と嫌わないで、法律家、弁護士の言うことにも耳を傾けてください」と。法律家、とくに弁護士は、依頼者の言うことに耳を傾けて、依頼者の言い分に沿って、依頼者に有利な理屈をいかに作り上げるかを仕事とする。ここで「悪しき隣人」と悪評をとっている以上のような仕事の仕方は、たいていは民事的ないざこざでの弁護士の言動であるが、刑事事件でも同様である。

刑事事件での弁護士の職務は、弁護人として依頼者である被疑者・被告人の言い分をできるだけ正確に、かつ的確に聞き取って、依頼者が望んでいる方向で、できるだけの努力をするということであろう。依頼者が事件をやっていないと主張しているならば、その主張に沿って捜査側の集めた証拠に反論する準備をし、可能な限りで反証を集める。法律的な主張で、無罪が主張できることがあれば、被告人にそのことをアドヴァイスするとともに、無罪主張を裏打ちする理屈を強化し、捜査側に対し、あるいは法廷で主張する。

(2) 「泥棒にも三分の理」ということわざがある。これは、世間的には通らない正当化をいうことを茶化したものである。「戸締りをしていないから、盗み

に入った」などというのは，この「理」にあたるだろう。これで盗んだことが正当化されることはまずない。こんなことを言って，いかにも被害者が悪いかのようにうそぶく態度を「盗人猛々しい」と，人々は非難する。しかし，この言い訳も，まったく意味のないものではない。盗んだことが正当化されるわけではないが，場合によると，出来心で前々から盗みの意思があったというのではないということを示す言葉かもしれない。もしそうしたものならば，情状にかかわって，刑を軽くするほうに働くかもしれない。

　このように，一見すると，取るに足りない，人のせいにするような言葉のなかにも，取り上げる必要のあることが含まれていることがある。実は，「三分の理」と思われる言葉にも耳を傾け，そこに含まれている依頼人の利益となる事情を探り出すのが，法律家の役割であると，私は思っている。

　このように言うと，「だから，法律家は嫌われるのだ」という反応が返ってくるかもしれない。しかし，そうだろうか。人の話によく耳を傾け，言葉に隠されたその人の本当の気持ちに沿って話をすることによって，会話は成り立つ。いわばカウンセリングの基本である。法律家は「リーガル・カウンセラー」とも呼ばれる。心理カウンセラーはじっくりと依頼者の話を聞いて，その人の心の問題の相談を受ける。「リーガル・カウンセラー」も同様に，じっくりと依頼人の話に耳を傾け，法律問題の相談を受け，解決策を見出す。彼我の差は，心の悩みか法律上の悩みかの違いだけである。

　あえて，法律家の側から嫌われる理由を考えてみると，対象があまり触れたくもない法律紛争だということが第一だろう。しかし，それだけではなく，法律家，とくに刑事弁護人の発言に対して，人々が拒否反応を示すことの強い時代背景があると思われる。人の話に耳を傾ける余裕が人々になく，自分たちと違う意見に許容性を失った時代には，ちょっとでも異質の発言をする人に対しては，人々は排他的になり，そのような発言をする人間を極端に嫌うという傾向がある。そのような傾向が国策的に作られたのが，戦前の「非国民」という言葉を生んだ時代である。

　犯罪事件は，現代において，こうした「非国民」的状況を作り出す。犯罪を犯さないと考えている多くの人々は，犯罪を犯した人，犯したとして逮捕され，起訴された人を異質の人間としてみがちである。自分の身内ならば，その

人の人柄を見て，生活をよく知っているので，少なくとも，そうした人の言い分に耳を傾け，理解しようと努めるだろう。しかし，まったくの他人の犯したとされる罪に対しては，その犯した人の言い分に耳を傾けて理解しようというのは，よほど物好きか，同じように異質の人間である。

2　社会の敵でも弁護する？

アメリカ第 2 代大統領ジョン・アダムスの話

　アメリカで初の黒人大統領が誕生した。黒人に対する差別の歴史からすると画期的なことである。これによって黒人差別がなくなるということはないだろうが，合衆国の人々は大きな変化を経験していることは間違いがない。

　オバマ大統領夫人が有能な弁護士であることは，日本でも周知のこととなっている。もちろん，大統領自身も法律家である。アメリカ合衆国の大統領は，ほぼ歴代法律家で占められている。それほど，法律家優位の社会ということである。そのことの当否をここで論じようというのではなく，ここで取り上げるのは，アメリカ独立直前のある法律家の活動についてである。

　1770 年 3 月 5 日，アメリカのボストンでは，母国イギリスの駐屯兵士とボストン市民との間の緊張感は最高峰に達し，紅茶に高額の税金をかけた母国イギリスの措置に憤ったボストン市民が税関の建物を取り囲んだ。衛兵の助けに駆けつけたプレストン大尉率いるイギリス軍から群集に対する発砲があり，その結果，ボストン市民 3 人が即死し，多数が重傷を負い，1 人が直後に死亡し，5 人が数日後に死亡した。これがアメリカ独立のきっかけとなった「ボストンティーパーティー事件」であり，いわゆる「ボストン大虐殺」と呼ばれる事件である。

　この事件で，プレストン大尉ほか 8 人のイギリス兵が殺人罪で起訴された。ボストン市民にとっては，被告人たちは自分たちの親しい人たちに無差別の発砲を行った憎んでも余りある人間である。過酷な植民地政策を展開してボストン市民を抑圧するイギリスへの怒りがイギリス軍に向けられ，被告人たちに向けられ，さらには，この被告人たちを弁護しようとする人間に向けられていった。被告人たちをリンチにかけるといううわさも流れるなか，弁護人の身にも

危険が及ぶおそれがあったため，あえて弁護人を引き受けようとする者がいない。そのなかで，身の危険も顧みず弁護人を引き受けたのが，後に第2代合衆国大統領となったジョン・アダムス弁護士とアダムスの友人ジョシア・クゥィンシー弁護士であった。アダムス回顧録によると，アダムスは，クゥィンシーその他，プレストンが弁護を依頼した弁護士は，アダムスが弁護を引き受けるならば，自分も弁護を引き受ける用意があるといったというのを聞いた後，次のように答えて，弁護を引き受けた。

　「弁護人は，自由な国家において告発されている人が必要とする最後のものです。法曹というものは，どんなときにでも，また，どのような状況下でも，独立しており，公平なものでなければなりません。生命の危険にさらされている人は，その人が望む弁護人をもつ権利があります。…本件について，被告人が私の援助がなければ，公正な裁判を受けられないというならば，直ちに私は事件を引き受けましょう」

　ボストン市民であるアダムスたちがイギリス兵士の弁護をすることは，いわばその社会の敵の味方をするようなものだと，ボストン市民は考えた。そこで，イギリス兵士ともども，弁護士たちも攻撃される危険は大である。にもかかわらず，アダムスたちはあえて弁護を引き受けた。そこには，どのような人にも，たとえみんなの敵であるような人でも，等しく弁護を受ける必要がある。もし，ここで弁護を引き受ける人が1人もいないということになると，これから独立しようとするアメリカには人権意識がないということになる。アダムスたちは，そのように考えたようである。

　そして，そのように考えて引き受けた弁護で，アダムスは，法廷全体に電気が走るようなショックを与えて，イギリス兵士に対する憎悪で満ちている雰囲気を沈静化した後，「1人の無罪者を処罰するよりも，多数の有罪者が処罰を免れるほうが，社会にとって有益である」と論じた。陪審員は，アダムスら弁護人の弁論に熱心に耳を傾け，その結果，自らの同胞たちを殺害したと起訴されているイギリス兵士ら9人のうち，2人を除いて無罪の評決を下した。

　このように，陪審員をはじめとして，裁判が行われている地域住民すべてにとって憎むべき敵と思われる人間を弁護した弁護士の弁論に感銘を受け，冷静

に無罪推定の原則に沿って判断をした，当時のボストン市民の持つ冷静さと公平性は，現在の日本において果たしてあるだろうか。

3　日本の刑事弁護制度が最初に作られたときの人々の反応は？

　日本における刑事弁護制度は，上のアメリカの事件からちょうど1世紀後に認められた。1880年［明治13］7月発布の治罪法という現在の刑事訴訟法のもとに相当する法律の266条に，「被告人は弁論のため弁護人を用いることを得」と規定されたことにはじまる。この規定を制定するに力あったのは，この法律の起草委員であった磯部四郎の意見書である。

　「わが国の現在の民事訴訟に代言人（当時，弁護士をこのように呼んだ）が許されるようになったのは，訴訟の当事者の情を尽くして，当事者の権利を代弁することによって，正当に権利のある人の権利が間違って否定されることがないようにするためである。この制度が社会の役に立つことは少なくない。とはいえ，民事訴訟が関係するのは，多くは財物金銭の得失に過ぎない。これを刑事訴訟に比較すれば，軽重大小の違いはあまりにも明らかである。そもそも刑事訴訟は，名誉にかかわり，死と生が別れるところである。少しでも裁判が間違いでもすれば，人は罪がないにもかかわらず長い間獄につながれるという苦痛を受け，重い場合には，胴体と首が別れ別れになり，また，一生日の目を見ないという悲惨な境遇にあうことになる。その関係するところは最高に重大であるといわざるを得ない。ところが，刑事訴訟の原告の役をする者は堂々とした官吏・検察官であり，学力知識の豊かな人である。これに対して，被告人は大概は学問のない貧しい人である。こうした人が捕まって裁判所に来ると，ただただ恐ろしいという思いにとらわれるだけである。自分で十分に言いたいことをいい，事実を明らかにして，それによって検察官の主張することを論破することは，万に一つも望むことができない。このような状態で無実の罪で泣くということのないようにすることは，たいへん難しい。刑事裁判において弁護人が必要である程度は，民事訴訟における代理人とは比較にならないほど，切実である」（原文は文語調）。

　刑事弁護制度の基本的な意味は，ここに述べられていることにほぼ尽きている。この意見書は，磯部とほぼ同時代人の東大教授穂積陳重著の『続法曹夜話』に載せられている。穂積は，この意見について，「現在からこれを見れば，だ

れでも一言の異論があるはずはないように考えられる」としているが，現実には，当時の法典起草委員10人のうち，賛成したのは1人だけで，あとの9人は反対であった。反対論は，「民事の代理人は，ずるくて欲が深い。それによる弊害は直ちに改善しなければならない。このような制度を刑事裁判に認めるということになると，民事裁判の弊害がなくなるという保障はない。…名誉や死と生がかかっている所で，よい事と悪い事とを転倒させ，黒を白と言いくるめるようなことをするようになると，その弊害はどれほど大きいか知れない。云々」とか，「現在の被疑者・被告人は，ただでさえずる賢くて厚かましい。…これに弁護人を認めるならば，おそらくはその弁護は，無実の罪について論じ，その屈辱を雪ぐというようなことではなく，かえって，被告人の厚かましさとずる賢さを援助する道具になるに過ぎない」とか。

　このようにして，磯部の刑事弁護人制度設立の案は司法部全体の反対にあって，あえなく葬り去られた。しかし，それからわずか1年後に，いわゆるお雇い外国人として刑法・刑事訴訟法の制定のためにフランスから招聘されたボアソナードが起草した治罪法案のなかに盛り込まれた刑事弁護人制度については，まったく反対がなく成立した。日本人の学者の言うことには重きをおかず，お雇い外国人の言うことには一も二もなく賛成するという弊風のためだと，穂積はいささか憤慨口調で書いている。

4　現在における刑事弁護人に対する人々の目

(1)　刑事弁護制度の確立から，さらに1世紀以上が経った。憲法は，「何人も，理由を直ちに告げられ，且つ，直ちに弁護人に依頼する権利を与へられなければ，抑留または拘禁されない」(34条) と，すべての人に弁護人に依頼する権利があることを規定した。また，「刑事被告人は，いかなる場合にも，資格を有する弁護人を依頼することができる。被告人が自らこれを依頼することができないときは，国でこれを附する」(37条3項) と，貧困のために弁護人を頼むことができない人に対しても，遺漏なく弁護人を付けることができるように，国選弁護制度の保障も行った。治罪法に刑事弁護に関する規定ができてからちょうど1世紀と10年経った1990年には，弁護士会は，当番弁護士制度を全

国的に展開することを決議し，さらには，新たな世紀を迎えて，念願であった起訴前の被疑者段階での国選弁護の制度も確立された。

　このように，刑事弁護は，制度的には，拡充されてきた。しかし，刑事弁護に対する人々の見方は1世紀以前と比べて改善されてきたのであろうか。残念ながら，そうとも言えないと思われる現象が最近では目につく。

⑵　「なぜ，悪い人を弁護する必要があるのか」

　この言葉は，刑事弁護人に昔から浴びせかけられている問いである。これに対しては，第1に，被疑者として逮捕され，起訴されて被告人になった人が，まだ検察官の主張する犯罪事実をしたとは限らないという回答がある。裁判によって，検察官の主張する通りの犯罪を被告人が行ったということ，それについて被告人の行為を正当化する事情も責任を否定する事情もないことが確定されて，はじめて被告人として起訴されている人が罪を犯したということができる。それまでは，被告人は罪を犯していないものとして扱う，これが，刑事裁判の基本原則である「無罪推定」の原則である。この原則に基いて，さらにさまざまな刑事裁判上の原則が生まれてきたが，この点については，後に述べることにして，ここでは，刑事裁判というのは，被告人として起訴されている人が検察官の主張するような犯罪行為を行ったかどうかを吟味する手続きであり，この手続きが完了して有罪が確定するまでは，まだ，被告人は罪を犯したとされることはないということだけを確認しておこう。

　「なるほど，罪を犯したかどうかを吟味するために，弁護人が必要だということはわかる。しかし，本人も罪を犯したことを認めており，そのことがだれの目にも明らかであるような行為をなぜ弁護する必要があるのか。弁護の余地がない行為というのもあるだろう」と，第2の問いが発せられる。

　この問いには，いくつかの内容が含まれている。1つ目は，「本人も罪を犯したことを認めている」ということであり，2つ目は「だれの目にも明らかである」ということである。そして，最後に「弁護の余地がない行為がある」ということである。

　1つ目の「本人も罪を犯したことを認めている」ということであるが，これは，「自白」があるということである。時代劇などを見ると，「極悪非道の行為をして，なおも白を切る不届きな奴。観念してきりきりと白状しろ」と迫る場

面がよく登場する。映画やテレビの世界では，観客はその「不届きな奴」が本当に不届きなのか，そうではなく，本当はやっていない無実の人が痛めつけられているのかを知っており，本当はやっていることが観客にはわかっているのに，ふてぶてしい顔をして，「ふん，おれがやっているというなら，証拠を見せろ，証拠を」などとうそぶく悪役をみると，正義感がふつふつとわいてきて，そんな奴は痛めつけて早く白状させろと，興奮する。これに対して，正直者が無実の罪で痛めつけられている場合には，「かわいそうに。何と非道な役人だ」と，痛めつけている役人役の俳優を憎む。

しかし，現実の事件では，観客の立場にいる人はいない。事件の真相は，裁判で出てきた証拠の限りで推理する以外にない。そこで，ますます，自白があれば，ということで，自白に頼る傾向が生じてくる。この傾向が曲者である。

このような傾向の危険性は，2つある。1つは，無理な取調べをしてでも自白を得ようとして，強制・拷問を行うという危険性である。戦前の日本では，このような取調べが日常茶飯的に行われており，拷問の末に，小林多喜二のように殺されるという事態さえ生じていた。憲法は，戦前の反省に立って，拷問を禁止し，黙秘権を保障し，強制・拷問による自白は証拠から排除することにして，この第1の危険性には対処する規定をおいている。

それでは，拷問や強制によらない自白ならば，それだけで有罪を認めてよいか。これも，自白が強要されたかどうかは，取調過程が完全に公然化（これを「取調べの可視化」という）しない限り，わからない。被告人が無理やり自白させられたというのに対して，取調官は，「そんなことはありません。何も強要するようことはしていません」と証言する。先の映画やドラマなどでは，拷問等の場面を観客は見ているので，取調官がウソを言っているとわかるが，実際の裁判では水掛け論になる。そのようにならないような取調べのあり方が主張され，取調過程を一部録音・録画するということも実施されている。しかし，まだ完全な可視化には程遠い。さらに，かりに外見上任意で行われた自白であっても，自白をした本人が本当にその事実をやっているかどうかわからない。人は，思い込みで実際に行動したり見聞きしたことと違うことを話すということが，しばしばある。誘導や刷り込みによって思い込まされることもある。最近は，このような虚偽自白の心理についての研究も発達してきて，自白してい

ることがその人がやったということに直ちにはならないことも，科学的に明らかにされてきた。

　このように，たとえ任意で行った自白があっても，それだけでその人を犯罪者とすることには危険性がある。自白の危険性の２つ目は，このことである。憲法は，この点についても，「何人も，自己に不利益な唯一の証拠が本人の自白である場合には，有罪とされ，刑罰を科されない」という規定をおいて，有罪とするためには自白だけではなく，必ず他の証拠なければならないとしている。

　自白があるから弁護の必要はないということに対して，そうではないことをわかってもらえたと思う。次の「だれの目にも明らかだ」ということについては，すでに述べたように，すべてを見ている神様でも仮定しないことには，証明を必要としないほど，明々白々な事実はない。街路で多くの人が見ている前で行われた行為であっても，見る角度や状態によってさまざまに見えるものである。つい最近，佐賀市であった複数の警察官による暴行事件についても，その近くに多くの人がいたが，暴行があったという人と見なかったという人が現われている。当の警察官たちは全員暴行はしていないと主張し，被害者は死亡しているので，警察官が暴行し，その結果，被害者が死亡したという事実については，「だれの目にも明らか」というわけにいかない。この事件では，検察官は暴行の事実や暴行の結果死亡したという事実については証拠不十分として起訴しなかった。これに不服の被害者家族からは，審判に付してほしいとの請求（付審判請求）が行われ，裁判所は，警察官の１人の暴行だけを認め，公務員暴行陵虐罪で起訴する決定をしたが，被害者の死が暴行の結果であるという点については認めなかった。複数で取り囲んで１人の者が暴行をしたということならば，取り囲んだ複数の者にも暴行の責任を認めるべきが当然だと考えられるし，また，取り囲んで押さえつけ手錠までかけたなかで，被害者が死亡したというならば，その死亡は警察官らの行為の結果であるのが，「明々白々だ」といえそうであるが，裁判所はそうは認めなかった。

　少し特殊な例をあげたが，要するに，一見だれの目にも明らかであると見える事件でも，証拠によって，その事実が認められない限りは，被告人を有罪とすることはできないことはもちろん，有罪とするに足るだけの証拠がない場合には，起訴することさえできない。

最後に,「弁護の余地のない事件はある」かである。

5 弁護の余地のない事件はない

(1) 被告人が検察官の主張する犯罪事実をしたということが,証拠によって認められる場合であっても,これによって弁護の必要がなくなるわけではない。どの程度の刑にするかという量刑が,次に問題になる。日本では,事実の認定手続と刑の量定手続が区別されず,事実認定と量刑の証拠が同時に提出され,どこまでが事実認定で,どこからが量刑手続かがはっきりとわからない形で審理が進められている。陪審制度を採っている英米では,この2つの手続は明瞭に分けられている。事実認定手続で有罪が決定された後に,初めて量刑についての証拠調べが行われ,どの程度の刑が科されるかが決定される。日本でもこのような手続二分制度を採用すべきだという意見があるが,現在はそのようになっていない。裁判員制度のもとでも,手続は二分されていない。

しかし,事実について争われているときに,刑についての議論をし,証拠を提出するとはいうのは,弁護人にとっては,ときに矛盾した主張をしなければならないという場合が生じる。無罪を主張しながら,同時に有罪を前提とした刑についての意見を述べるというのでは,無罪主張の迫力が半減する。とくに,死刑が問題になる事件の場合には,弁護人は,犯罪事実については無罪を主張する一方で,死刑を回避する弁論をする必要があり,矛盾した主張を展開することにならざるを得ない。

さらに,たとえば前科調書などが,事実を争っている事件で提出されると,これによって今度もやっているのではないかという予断を与えかねない。

事実認定手続と量刑手続を二分すれば,このような事態は生じない。裁判員制度のもとでは,少なくとも事実上,この2つの手続を分け,有罪についての評議が終了した後に,量刑に関する証拠調べを行うようにすべきである。

(2) かつて,1審の死刑判決に対して,被告人が量刑不当で控訴したのに対して,国選弁護人は,死刑判決に控訴の理由がないという控訴趣意書を提出し,結局,死刑判決が確定したという事件があった。この事件の国選弁護人の活動に対して,死刑判決を受けた受刑者から国選弁護人の活動は弁護するという債

務を履行していないとして，損害賠償請求が行われた。この請求に対して，東京地方裁判所は，次のような点を指摘して，原告の請求を認めた。

第1，国選弁護人は，直接被告人と契約関係には立たないが，弁護を怠すれば被告人に対して義務違反であり，債務不履行の責任を負う。

第2，弁護人は1審の記録を読むのが基本だが，それだけでは不十分であり，裁判記録でおかしい点が見つけられなくても，少なくとも被告人自身につき例外的に取調べが行われる可能性のある証拠があるか否かなどの点の調査を実施することが弁護人の義務として要求される。

第3，その場合における控訴理由の有無の判断にあつては，極力自己の主観的見解を避け，被告人にとつて最も有利な観点から観察，判断すべきである。

第4，以上のような調査をつくしてもなお適当な控訴理由を発見することができなかつた場合には，弁護人としては，被告人に対し率直にそのことを告げ，被告人の言い分を十分に聴取すべきである。

第5，その結果，被告人の不服とするところがどのように被告人に有利に解釈しても，まったくなんらの控訴理由をも構成しえないものである場合には，そのことを指摘して，被告人がなお不服を維持するというのであれば，弁護人としては，被告人の名においてする控訴趣意書の作成について必要な技術的援助を惜しまないが，それ以上被告人の期待するような協力をすることができないことを告げて被告人の善処を求めるべき義務がある。

第6，被告人は，たとえそれが主観的，恣意的なものであるにせよ，弁護人に対して自己に有利な弁護活動がなされることを期待するのが通常であり，またそれは無理からぬところであるから，弁護人がこのような期待を被告人の知らない間に裏切ることは，結局被告人の意思に反して裁判所に自分の不服を主張する機会を失わせてしまう結果になる。

東京地方裁判所は，以上の点を指摘して，控訴理由なしという控訴趣意書を提出した弁護人の行為は，弁護人としての義務に違反しているとして，損害賠償を命じた。

裁判所が指摘するように，どのように残虐な事件であっても，事件の背景，動機，さらには，事件に至るまでの被告人の成育歴などを調査し，事件を被告人にできるだけ有利に解釈していくならば，弁護の余地のない事件はない。上

で指摘されているように，このような調査にあたっては，弁護人の主観はできるだけ排除していかなかければならないだろう。基本的には，刑事弁護人は，被告人の言い分に沿って誠実に弁護するのが義務である。もしその義務がどうしても果たせない場合には，そのことを被告人に告げて，被告人の判断に任せる以外にない。

6　裁判員裁判と刑事弁護人の役割

(1)　裁判員裁判と通常裁判とで，刑事裁判の原則はなんの違いもない。刑事裁判は，検察官の主張の妥当性を証拠に照らして吟味する場所である。裁判員は，検察官が主張する犯罪事実が，証拠に照らして確実だと思われるほどに証明されているかを判断する。

　刑事裁判においては，民事裁判とは違って，「合理的な疑いを入れない程度の証明」が必要だといわれる。民事裁判の場合には，原告（訴えを起こした側）の主張と被告（訴えを起こされている側）の主張のどちらが，証拠に照らして優位であるかで決まる。秤で言えば，天秤が少しでも傾いた側の勝ちである。これに対して，刑事裁判では，検察官と被告人・弁護人が等しく証明する責任を負っているのではなく，検察官が有罪を証明する責任を負っているだけである。被告人は無罪を証明する必要はない。したがって，有罪か無罪かわからない場合には，検察官は証明できなかったということで，無罪を言渡さなければならない。これを「疑わしきは被告人に利益に」の原則という。

　また，証明の程度についても，民事裁判と違って，単なる証拠の優劣ではなく，天秤が検察官の側によほど傾かなければ，有罪とすることはできない。「よほど傾く」というのはあいまいであるが，普通の人が考えて検察官の主張に疑いを入れる余地のないほどに確実に証明された場合にだけ，有罪という判断ができる。これが，上記の「合理的な疑いを入れない程度の証明」ということである。

(2)　このような原則のもとでは，弁護人の役割は，検察官の主張と証明に「疑い」をさしはさむことである。弁護人・被告人がさしはさんだ疑いを検察官がぬぐいきれない場合には，有罪という判断を下すことはできず，無罪とする以

外にない。たとえば，被告人が犯行をしたという検察官の主張に対して，被告人が犯行現場とは別の場所にいたという被告人のアリバイ主張は，被告人の犯行であるという主張に対する「疑い」である。ここで証明が必要なことは，被告人が犯行現場にいたということであって，アリバイがあるということではない。検察官は，アリバイを完全に否定し去らなければ，被告人の犯行であることへの疑いをぬぐうことができず，検察官は証明に失敗したことになって，無罪という結果になる。これが刑事裁判である。

　以上の刑事裁判の基本原則を裁判員はしっかりと踏まえて判断することが必要である。弁護人は，被告人の主張を踏まえて，それを整理し，検察官の主張に対する反論として裁判員の前に提示する。検察官の主張が一体確実に証明されているのかどうかについては，その主張を裏打ちする証拠が存在するかという，有罪を立証する積極的な面だけでなく，これらの主張・立証に対して，弁護人からさしはさまれた「疑い」を検察官はぬぐいきっているかを検討するのが，裁判員の役割である。

(3)　弁護人は，事実について「疑い」をさしはさむ役割を果たすだけではない。量刑についても，検察官の主張に対して，できるだけ被告人に利益となる主張を展開し，刑を軽くする証拠を提出する役割がある。事件には，同じように見えても，それぞれ違った顔がある。表明上は隠されている事件の持つ違った顔を裁判員に示すのが，弁護人の役割である。

　量刑について，過去の裁判から基準を作るということの問題は，それぞれの事件が違った顔を持っているにもかかわらず，これを画一化した基準を示すことになりがちだということである。量刑基準を作ることの難しさは，この点にある。従来の裁判を参考にして作成された量刑基準を参考にするにしても，1つ1つの事件がそれぞれ違った顔を持っていることをしっかりと踏まえることが必要であり，この点を指摘するのが，弁護人の役割である。

　事件の顔以上に，被告人一人ひとりはまったく違った顔と性格，生い立ちをもっている。実は，被告人自身がなぜ事件を犯したのかを十分に認識していないということが普通である。この点でも，弁護人が果たす役割は重要である。被告人自身の主張に寄り添いながら，被告人自身が気がつかない自らの心や気持ち，事件についての思いを気づかせ，それをできれば被告人自身の言葉によ

って，被告人自身がうまく口にできない場合には，被告人の代弁者として弁護人が法廷に明らかにするということも必要になる。これによって，被告人の表面上の顔と違った顔が見えてきて，量刑上重要な要素が法廷に表出されるということがある。

　弁護人たちは，被告人の持っている違った顔が法廷に出てくるようにするためには，一定の時間的経過が必要であると述べている。短期間の集中審理の必要性が叫ばれている裁判員裁判には，この点での困難があると指摘されている。制度として，集中審理を絶対的に要請にすることには問題があろう。仮に，できるだけ集中的に行うにしても，事実認定手続から量刑手続の間を一定程度空けることによって，この点の難点を克服することができる。ここでも，手続の二分の必要性が出てくる。さらには，量刑にあたっては，十分な調査をすることも必要であり，英米で行われる判決前調査制度の導入も改めて検討すべきであろう。

（龍谷大学大学院法務研究科教授　村井　敏邦）

事件数から考える

◆ 刑法犯の認知件数・検挙人員の推移

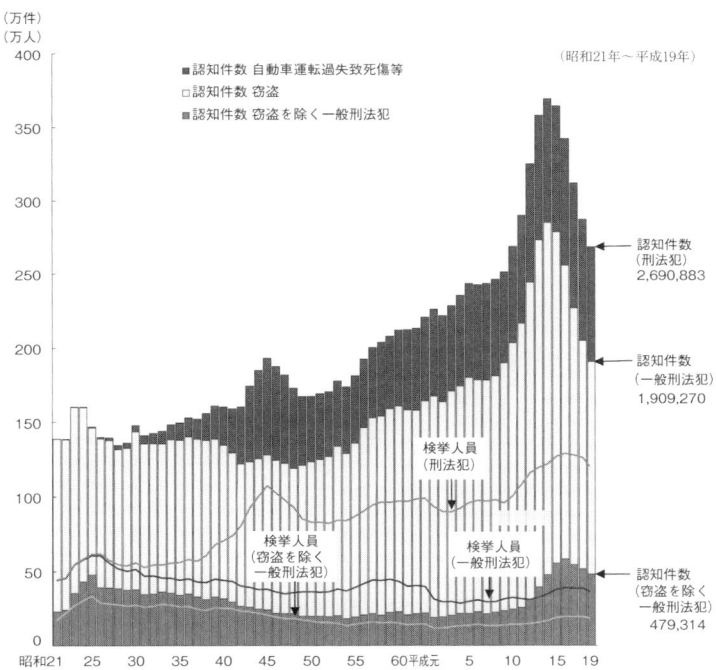

（出典：『平成20年版 犯罪白書』）

裁判員になったあなたが関与する事件は，すべての刑事事件というわけではありません。裁判員の参加する刑事裁判に関する法律によれば，死刑または無期懲役・禁錮にあたる罪にかかる事件か，死刑または無期もしくは短期1年以上の懲役・禁錮にあたりわざと他人を死亡させた罪にかかる事件とされています。具体的には，内乱罪や外患誘致罪という耳慣れない犯罪から，殺人罪や放火罪といったニュースでしばしば耳にする犯罪まで49の罪が対象となっています（2008年6月30日現在）。

　では，この裁判員対象事件のうち，裁判員になったあなたが気になるのは，どのような事件に関与するのかということになるのでしょうか。『平成20年度版 犯罪白書―高齢犯罪者の実態と処遇』によれば，これらのうちで，最も多いのは，強盗致傷罪の611件，ついで殺人罪の590件，現住建造物等放火罪（以下，放火罪）の265件，強姦致傷罪の207件，傷害致死罪の153件ということになっています（2007年度）。「無理やり他人から物を奪ったうえに傷つけたり，他人を殺したり，他人のいる建物に火をつけたりというなにやら物騒で凶悪な事件の裁判にかかわるなんてまっぴらごめんだ」というのが正直なところかもしれません。

　たしかに，強盗致傷や殺人，放火という犯罪は決して許される行為ではありません。テレビや新聞などのニュースを見ていて「凶悪」な印象をもっている人も多いでしょう。しかし，このような犯罪行為にも，必ずしも「凶悪」とはいえない事件があります。ニュースで報道される事件というのはその一部を象徴的に扱うことが少なくありません。そのため，実際にはむしろ凶悪で猟奇的な事件というのはあまり多くはないといえます。

　そこで，ここでは，裁判員対象事件のうち，その数の多いものから強盗致傷罪，殺人罪，放火罪をとりあげ，必ずしも「凶悪」とはいえない事件について，被告人にはどのような事情があったのか，それを弁護人はいかに受け止め，どのような主張をしたのかということを，3つのCaseをとおして紹介します。

1

強盗致傷罪

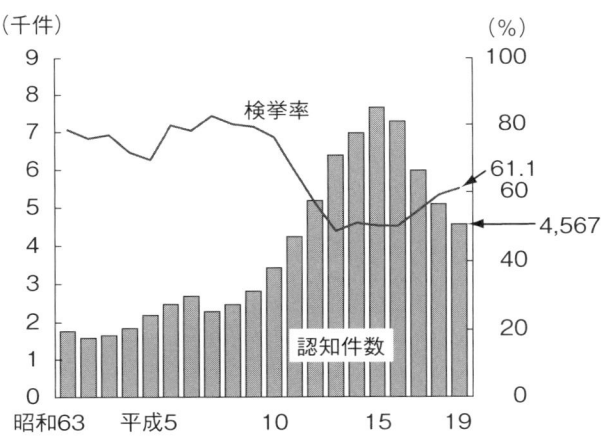

◈ 強盗罪の認知件数・検挙人員の推移

(出典：『平成20年度 犯罪白書』)

Case 　　坂根　真也
Comment 　福島　　至

坂根　真也　—SAKANE Shinya—

1979年 東京都 生
上智大学法学部卒業
現在，弁護士（東京弁護士会）

裁判員になるあなたへ

　犯罪を起こしてしまう人は，私たちとは違うのでしょうか。
　犯罪を起こしてしまった人を何人も見ていると，決してそうではありません。私たちと同じです。犯罪を起こしてしまったことには，何らかの原因があります。
　なぜそのようなことをしたのかを考えずに，刑罰を与えても効果はありません。裁判員になったら，なぜそのようなことをしなければならなかったのかを，その人の立場に立って考えてください。

福島　至　—FUKUSHIMA Itaru—

1953年 宮城県 生
東北大学大学院法学研究科博士後期課程修了．法学博士
現在，龍谷大学大学院法務研究科教授

裁判員になるあなたへ

　罪を犯したことが間違いなければ，厳しく処罰されなければなりません。被害者からすれば，あたりまえのことです。しかし，不必要に被告人の悪さを強調し，重すぎる刑罰を科すことは許されません。被告人に心からの反省が見られ，再犯の防止が確実に見込まれるならば，直ちに刑務所に送る必要もないでしょう。
　裁判員は，事実確認のみならず，量刑にも関与します。みなさんの市民的良識を，法廷で示していただきたいと願っています。

Case 1

これでも強盗致傷？

なぜ「強盗致傷」で起訴されてしまったのか

　事件は，消費者金融の高金利の返済においたてられた本田邦夫（仮名）が起こしたものであった。

　本田は，サラリーマンとして真面目に働いていたが，父の入院等のために臨時の出費の必要性にかられ，消費者金融からお金を借りたことがあった。当初は，返済ができていた。しかし，不況により給料が下がってしまい，幼い子ども2人と妻を養なう家計では，次第に返済が困難となった。1社に対する消費者金融の返済のために他社から借りては返す，という自転車操業を繰り返しで，ついには支払いができなくなってしまう。

　事件当日，本田は，会社のつきあいでお酒をかなり飲んでいた。帰宅途中，女性が前を歩いているのを見つけた。そこで，路上で女性からバックをひったくることを考えつく。後ろから近づき，肩からかけているバッグをサッととれば，怪我をさせることもなく顔を見られることもなく簡単にとれると考えたのだ。

　森川三奈（仮名）の後をつけ，人通りがない路地に入ったところで，後ろから走ってすり抜けざまにバッグのひもに手をかけた。想定では，簡単にとれるはずであったが，森川が瞬時にバッグをつかんだため，引っ張り合いになった。本田は，想定外のことに焦ってしまい，森川の肩を軽く押してしまった。

　森川はバランスを崩し路上に転倒した。本田はバッグをとって走り去ったが，通行人に捕まえられ，現行犯逮捕されてしまう。森川は転倒した際に，膝をすりむき，全治1週間の怪我を負ってしまう。

　本田は起訴され，全面的に罪を認めた。検察官は本田に対し懲役7年を求刑した。これに対して裁判所が下した判決は懲役4年であった。

弁護人としての役割

(1) 「強盗致傷」という罪の性質

　私は本田が起訴された後に国選弁護人（自分で弁護士を見つけられない人でも、国が弁護士を選任する制度。刑事事件の被告人という立場は、検察官という強大な国家権力を相手にしなければならないのであり、一定の軽微な犯罪をのぞいて弁護人がいなければ裁判が開かれない）に選任された。

　警察官や検察官は、ときとして犯人を重く処罰したいあまり、事件に至ってしまった経緯やなぜそのような犯罪を犯してしまったのかということを軽視してしまう。また、逮捕された人の言葉に真摯に耳を傾けてくれることは少ない。

　そのようなときに、弁護人は、「この事件を起こしてしまったのは○○ような事情があったからです」とか「たしかに被告人がしたことは許されないことですが、被告人には××のようないいところもあるんです」という被告人に有利なところを見つけて裁判所に伝える役割を果たすことになる。

　検察官は、被告人を追求し、一方で弁護人が被告人のいいところを見つけてあげることで、裁判所が中立的な立場から適切な刑罰を決めることができるのである。

　強盗致傷は、無期懲役または6年以上の有期懲役が定められている重大犯罪だ。しかし、強盗致傷といっても、その態様はさまざまである。通常、イメージされるように銀行強盗をして包丁や拳銃で人に怪我を負わせる場合が、強盗致傷にあたることに違和感はないかもしれない。だが、近年の厳罰化の影響もあり、万引きをして店員に見つかり逃げようとして突き飛ばして怪我をさせてしまうようなケースや、いわゆる「ひったくり」など、従前は窃盗と考えられてきたようなケースまでもが強盗致傷とされることがしばしばある。

　本件についてみると、被告人が考えていたのは後者のケースである。すり抜けざまに取ろうとしたが失敗したために、被害者を転倒させ軽症を負わせることによって強盗致傷になってしまったのだ。

(2) 弁護方針

　私が、はじめて接見に行くと、本田は「先生、私はとんでもないことをして

しまいました。被害者の方に本当に申し訳ないことをしました。なんでこんなことをしてしまったんだろうと，毎日毎日考えています」と言っていた。心から反省している様子が一目でわかった。そのうえで，「一度だけチャンスが欲しい。一からすべてをやり直したい。今後は家族のことだけを考えて生きていきたい」と私に話してくれた。

　本田に前科前歴はなく，これまで一生懸命真面目に生活してきた人であった。彼は大学を卒業後，小さな広告会社に勤務し，以後15年間働いてきた。7年前には結婚をし，2児をもうけた。母を小さい頃になくしていた。高齢の父親が手術をすることになり，そのために消費者金融からお金を借りてしまったのである。

　①　そこで，私は，執行猶予を目標とした。

　本件の背景には消費者金融の違法な高金利が原因にあった。消費者金融は，利息制限法で認められている金利18％を超えて29％の金利を取っていた。支払いが少しでも遅れると何社からも取り立ての電話が鳴り，精神的に追い詰められていたのだ。

　さらに，幼い子ども2人がいたことなどはもちろん，酔ったうえでの計画性のまったくない事件であり，森川の怪我の程度も軽かったこと，被害品はすぐに被害者のもとに返っていることなどの事情があったからである。

　②　また，事案にまったく争いがなかったこともあり，保釈（起訴された後にお金を裁判所に預けて，裁判が終わるまで釈放される制度）の獲得を目指した。

　強盗致傷は重い罪であり，保釈が認められることが少ない。裁判所は，罪の重さ，逃亡する可能性，証拠を偽造したりしないかなどの事情を考慮し判断することになる。

執行猶予がとれるか

　執行猶予とは，たとえば，「懲役3年，執行猶予5年に処する」などの判決のことである。猶予された期間再び罪を犯すことなく生活することができれば，刑の言い渡しが効力を失うことになる。他方，執行猶予期間内に新たに罪を犯すと，執行猶予が取消されて，その新たに犯した罪に対する刑罰に加え

て，当初言い渡された刑を併せて服役しなければならなくなる，という制度である。すなわち，もう一度チャンスを与えるという制度なのである。すぐには刑務所に入らず，社会のなかで更生するチャンスを一度だけ与えます，しっかり更生しなさい。もし再び罪を犯せばとても重い刑罰が待っていますよ，ということである。

　すでに述べたとおり，強盗致傷の法定刑の下限が6年である。執行猶予判決は，懲役3年以下の刑にしか付けることができない。そうであるとすれば，この事案においても少なくとも懲役3年にしなければならない。そのためには，自首などの特別な事情がない限りは，情状酌量によって，最も軽い刑を選択してもらわなければならないといことになる。

　そこで，この事案が，罪名としては強盗致傷でも実質は窃盗と傷害の事案であることを理解させることに主眼をおいた。

実際の弁護活動

(1) 実質は窃盗と傷害の事案である

　捜査段階において，逮捕された人は密室で警察官や検察官ら，厳しい追及を受ける。弁護人が選任されず，的確なアドバイスがないと，警察官や検察官が描いた事件のストーリーに逆らうことができず認めさせられてしまうケースも多い。警察官や検察官が「逮捕された人＝犯人」として悪い奴だと決めつけ，逮捕された人の言い分を十分に聞いてくれないからである。逮捕された人は社会と断絶し，毎日毎日取調室で警察官や検察官から厳しく追及され，精神的にどんどん追い詰められていく。自分がやってもいないことでも認めてしまうことは決して珍しくない。

　この事案において，捜査段階で本田には弁護士が選任されていなかった。そのため，彼の供述調書は，ひどいものであった（なお，現在では一部の軽微な罪をのぞいて勾留された段階で国選弁護人を選任できる制度がある）。たとえば，本当は，酔ったその日に前を歩いていた被害者を見て，思いつきで起こしたものであるのに，調書では何日か前からひったくりを考えていたことになっていたり，森川のバッグをひったくる際，本当は難なく取れるとしか考えていなかっ

たにもかかわらず，森川が抵抗したら暴力をふるおうと思っていたと書かれていた。

さらに，実際には森川が抵抗して焦ってしまいはずみで肩を押してしまっただけであるのに，そのわずか一瞬の間のことについて，検察官調書では，「被害者が抵抗したため，このままでは鞄を取ることができなくなりました。ここであきらめたら，消費者金融に対する支払いができなくなると思い，なんとしてもバッグを奪い取らなければならないと考えました。鞄をつかんでいるのと逆の手で被害者の肩を押せば被害者が路上に転倒するなどして手を離してくれると考え，被害者の肩をついたのです」などと理路整然と書かれている始末である。

このような捜査機関が作り上げたストーリーで審理を進めるわけにはいかない。従来の刑事裁判では，とくに公訴事実に争いのない事件であれば，捜査機関が作成した調書に同意し（同意すると，裁判官がその供述調書を証拠として採用し，それを読むことになる），短時間，被告人の反省の状況を話してもらうということが多かった。しかし，供述調書のほとんどは，先にも述べたように，実際に起きたことよりオーバーに書かれていたり，事実でないことが書かれていたりするのである。

このような現状を踏まえれば，まずは，実際に起きた出来事を本田自身に語ってもらう必要がある。そこで，本田の自白調書をすべて不同意とし，法廷で，彼に実際に起きた状況を細かに話をしてもらった。検察官は，客観的な事実に争いがないのなら調書を同意して欲しいと強く要求したが，紙を読むのではなく，直接何をしてしまったのかを聞いて欲しいと裁判所を説得して，40分程度の被告人質問をした。

(2) **違法な高金利が背景にあること**

この事案は，まだ消費者金融が29％というグレー金利を設定していた時代である。いかに消費者金融の金利が問題かを明らかにするため，また，本田自身の借金自体も整理する必要があった。彼の債務整理を知人の弁護士に依頼し，受任してもらった。取引履歴を開示させ，いついくら借りて，それに対して利息をいくら取っているかを報告書にして裁判所に対して提出した。もちろん，消費者金融とも和解をして，今後借金の返済に困って同じことを繰り返す心配

はないことを立証した。

(3) 被告人の人間性を示す

　本田は元来誠実な人間であり，よき父であった。真面目に働きながら，休日には，家族とすごしたり，子どもの教育にも熱心で，習い事なども積極的にさせていた。しかし，借金がすべてを狂わせてしまった。借りたお金は返さなければならないと，高金利であるにもかかわらず，借金の返済のために借金を重ねるという悪循環に陥ってしまったのだ。

　本田の人間性を理解してもらうため，奥さんと会社の上司に情状証人に立ってもらい，また，子どもと一緒に移っている写真を証拠として提出した。

　奥さんは，「主人が今回したことは絶対に許せないことだし，妻として本当に責任を感じてます。しかし，主人は本当に優しい人で，家族思いの人です。借金で苦しんでいることをどうして妻としてわかってあげられなかったか。悔やまれてなりません。たとえ夫が刑務所に行くことになってもずっと待ち続けています。でも，許されることならもう一度夫婦で一からやり直すチャンスをください」と言ってくれた。

　会社の上司は，「彼はとても仕事熱心で社内での評判も高い。借金のことは会社としてもできる限りの協力をしていくつもりです。今後とも会社のために働いて欲しい」と言ってくれた。

　裁判所に提出した写真は，上の子どもの運動会のときに撮ったもので，家族が本当に仲良く写っていた。

　そして，本田自身に，なぜこのようなことになったのか，どうしたら避けられたかを真剣に考えさせ，ありのまま被告人質問で話をしてもらった。

(4) 被害者に対する謝罪

　この事案で一番問題となったのは，示談交渉であった。結果として示談は成立しなかった。

　森川との交渉においては厳しい言葉をかけられた。「夜道が恐くて歩けなくなってしまった。犯人にはできる限り長く刑務所に入って欲しい」と言っていた。その言葉は，そのまますべて本田に伝えた。森川がどんなに恐い思いをしたのかを，できる限りわかってもらうように努めた。

　お金がない本田の妻が親族等からかき集めたお金を提示したが，被害者側は

納得がいかず平行線をたどった。本田の妻とともに直接謝罪に行き，判決の直前まで何度となく交渉していたが，結局合意に至らなかった。この事案では示談が取れてさえいれば，執行猶予の可能性も高まったのではないかと思うと悔やまれる点である。

(5) 保釈の請求について

　本件では，選任直後，第1回公判後，第2回公判後，判決後とすべてにおいて保釈請求をしたが，一度たりとも認められなかった。ジュリストの松本判事の論文「裁判員裁判と保釈の運用について」（ジュリスト1312号［2006年］128〜150）が出る前であり，裁判官との面接でも，「強盗致傷ですからねえ」というだけで，事案の中身を見ようとする姿勢すらなかった（なお，この論文は現役裁判官［大阪地裁の令状部部総括：当時］が，「これまでの裁判所の保釈の運用は厳しすぎたのではないか」と指摘したもので実務に与えた影響は大きかった。この論文を境に，保釈率が少しずつであるが上昇している）。

　現行犯逮捕で事実を認めていることからすれば，何か罪を逃れようとして証拠を偽造したり，被害者に働きかけたりなどという可能性は皆無であり，妻と幼い子ども2人がいて，会社も刑務所に行くことがなければ雇用を継続すると言ってくれていたのであって，逃亡することなどおよそ考えられないにもかかわらずだ。

　保釈が認められていたら，本田が職場に復帰したり，自ら金策をしたりして示談金をもっと捻出できたかもしれない，あるいは，直接森川のところに謝りに行くことで被害者の処罰感情が和らいだかもしれないと思うと悔やまれるところである。

裁判員に伝えたいこと

(1) 何より保釈を認めるべきであること

　否認事件はもとより自白事件であっても，実際にしてしまったことを直接被告人に語らせる必要がある。そのために十分な打ち合わせが必要なことは明らかだ。自己の裁判のためのしっかりと準備をするという観点からも，保釈を積極的に認めていくべきであろう。人が身体を拘束されるということは，家族と

も離ればなれになり，職場をも失うという非常に大きな不利益を受けることになってしまうのだ。また，公判までの間，罪を犯した被告人が自ら被害者のために，さまざまな活動をすることができるということも忘れてはならないことであろう。

　刑事裁判では，有罪が確定するまで，無罪が推定される。判決が出るまで，その人はできる限り一般市民と同じ権利が保障されなければならないのである。想像してみてもらいたい。ある日，突然逮捕されるのだ。事前に逮捕するから準備をしておいてくれなどと言われるわけではない。すべてがその瞬間にストップしてしまう。学校も，会社も，家族も，恋人とも一切隔絶されてしまう。罪を犯した人が判決が確定し，罪を償うために刑務所に行かなければならないのは当然である。だが，罪が確定するまでは，無罪が推定されるというのが数々の失敗を踏まえて制定された法の大原則だ。それにもかかわらず，身体を拘束され続けたままであるというのは，あまりに不合理である。

(2)　強盗と窃盗の違いを理解させること

　強盗と窃盗の違いは，「暴行又は脅迫」行為によって財物を奪ったかどうかにある。そして，強盗というためには，その「暴行又は脅迫」が反抗を抑圧するに足りる程度である必要がある。すなわち，強盗は相手の意思に反して無理矢理奪う犯罪であるから，無理矢理でなければ強盗ではなく，窃盗や恐喝罪が成立するにすぎないということだ。

　裁判員裁判でこの事件が扱われたらと考えるとき，この程度の暴行で強盗と言えるのかを市民感覚に問うてみたいという気持ちがある。包丁や拳銃を突きつけたり，殴る蹴るの暴行を加えたのならともかく，この事案は，軽く肩を押したら被害者がつまずいて転んでしまっただけなのだ。

　これまで職業裁判官だけで書かれてきた判決においては強盗に間違いないと言える事案であっても，本当に市民の目から見て，強盗という重い法定刑で定められる刑罰で処罰すべき事案なのかどうかを問いかけてみたい。

(3)　被害者の処罰感情と示談について

　これまでの刑事裁判は，紋切り型的に示談が成立したかどうか，お金を払ったかどうかが重視されていた。

　被害の回復ということ自体を否定するものではないが，裁判員裁判では，実

際に示談をしたかどうかではなく，示談に向けて誠実に努力したかどうか，できる限りのことをしたかどうかが，これまで以上に大切になるのではないだろうか。結果として示談が成立しなくても，そこに向けて誠心誠意努力したこと，それが市民の目から見て納得できるものであれば，示談をしたのと同じような評価をする裁判員がいるのではないか。

(4) 刑務所に入ることがどういうことか

執行猶予とならなければ，刑務所で服役することになる。しかしながら，ひとたび刑務所に入ってしまうと，更生することはいっそう困難となる。会社に勤めていた人なら解雇されてしまうし，自分で事業をやっていた人でも長期間不在となれば，事業を辞めざるを得ない。そうして刑務所から出てきたとしても，新たに仕事を見つけるのは本当に大変なのである（刑務所に行った人を雇ってくれるところはきわめて少ない）。

このことは，執行猶予中の再犯率（行猶予中に再び犯罪を起こしてしまうこと）より，刑務所出所者の再犯率のほうが高いことから裏づけられている。もちろん，罪の大きさによっては，刑務所で服役するという罪の償い方が当然の事件もあろう。

だが，裁判員に選ばれたら，刑務所に行くということが，単に服役すると言うことにとどまらない甚大な不利益を被るということ念頭において，それでも刑務所に行かせるべきかどうかを考えてもらいたい。

(5) 最 後 に

強盗致傷というと凶悪犯罪というイメージがあるが，本件のように，窃盗と強盗が紙一重の事件は意外に多い。何罪で起訴するかは検察官が決めることができるが，窃盗で起訴されるか強盗で起訴されるかは，実際にやったことがほとんど同じでも，刑罰は全然違うものになってしまう。とくに，評議において，裁判長が，「強盗致傷は懲役6年が下限であり，とくに酌量すべき事情がある場合には，減軽することができます。本件でとくに酌量すべき事情はあるでしょうか」などと誘導しようものなら，執行猶予はとても難しくなる。

評議は，裁判官と裁判員が自由に話し合って結論を決めていくはずである。しかし，日本の法律では，刑罰の範囲は非常に広い。たとえば強盗致傷なら，法定刑（法律に規定されている刑）は，無期懲役，6年～20年の有期懲役であ

る。そして情状酌量による減刑をすると，3年〜20年の有期懲役を選択できる。いずれにしても，かなりの幅があることになる。

　刑を決めたことがない一般市民が，裁判長から押しつけられたら，それと違う結論を出すことは難しいであろう。量刑評議のあり方にも関わるが，弁護人は，罪名ではなく事件の実態を理解させるような活動をし，そのうえで，適切な量刑判断ができるように最善を尽くさなければならない。

　また，裁判員になる市民の方には，なぜそのような事件を起こしてしまったのかを被告人の立場になって考えてもらいたい。もちろん許されないことをしてしまった被告人は責任を取らなければならない。しかしそれは，その人が事件を起こすに至った事情を正確に理解したうえでなければならない。そうしなければ，適正な刑罰とはいえないし，また，被告人自身も自分の起こした犯罪とその原因を理解してもらったうえでの刑罰だからこそ，その刑を受け入れ罪を償うことができるからである。

（弁護士　坂根　真也）

Comment

1　はじめに

　日本国憲法は第31条から第40条までの10ヶ条にわたり，刑事法上の人権保障に関わる規定をおき，人身の自由を保障している。逮捕や拷問など市民の身体が直接制約，侵害されることに対する権利保障や，死刑や懲役刑などに結びつく刑事手続き上の諸権利の保障である。憲法は全部で103条あるにすぎないのだから，その約1割を占めていることになる。いかにこの分野の人権保障を憲法が重視しているか，明らかであろう。人身の自由の優越的地位は，憲法上疑いの余地はない。刑事弁護人の活動は，被疑者・被告人のこのような権利や利益の擁護にある。

　弁護人の活動の要諦はかかる点にあり，その観点から個々の事件における具体的弁護活動を行わなければならない。そうしてみると，坂根真也弁護人の述べていることならびに行った弁護活動は，概ね適切であると思う。以下，弁護人が裁判員に伝えたいと記している事項に沿って，簡単なコメントを加える。

2　保釈の意義

　憲法33条や34条は，逮捕や勾留（憲法では「抑留」や「拘禁」にあたる）といった身体の拘束に対して，詳細な保障をしている。逮捕・勾留された人は，家庭生活や日常生活から引き離され，職を失う危険にも直面する。それのみで，人生において回復しがたい不利益を生じさせてしまう可能性がある。また，黙秘する権利など自己を防御する権利を，なかなか行使しにくい状況におかれることになる。たとえば，無実の人が不幸にも誤認で身体拘束された場合を考えてみよう。当初は否認を貫くことができたとしても，拘束期間が長くなればなるほど，不本意にも（無実の）罪を認め，早く裁判を終わらせてしまおうという誘惑に負けやすい。身体拘束が安易に行われ，さらに不必要な拘束が継続されると，さまざまな点で人権侵害となる（こうした問題の実体験については，矢田部孝司・矢田部あつ子『お父さんはやってない』［太田出版，2006年］を参照）。このようなことから，憲法は細かい保障規定をおいているのである。

　被疑者・被告人を逮捕して勾留する目的は，何であろうか。懲役刑や禁固刑の裁判が確定して，受刑者として刑務所に身体を拘束する場合とは，まったく意味が違う。受刑者は犯罪について有罪であることが確定し，それに対する制裁として，自由を剥奪され刑罰の執行を受けている。これに対し，被疑者・被告人は無罪と推定される権利を有しており（自由権規約14条2項），制裁として身体拘束されるのではない。被疑者・被告人の勾留は，将来の裁判への出頭を確保するため逃亡を防止し，証拠隠滅をしないようにすることを目的とする（ただ，無罪推定を受ける被疑者・被告人に対し，刑事訴訟法が証拠隠滅の可能性を問題としていることに，私自身は疑問はある）。逆に逃亡や証拠隠滅の可能性が高くなければ，被疑者・被告人の勾留を継続する必要性は失われる。人身の自由の優越的地位から考えると，市民の身体拘束はやむを得ない場合に限定されるべきである。

　ここから，保釈の意義が理解できよう。刑事訴訟法89条の文言は，被告人等から保釈請求があれば原則として許可する構造を取っている。権利保釈と呼ばれるゆえんである。さらに，保釈を許可する場合には，必ず保釈保証金の納付が義務づけられている。金銭支払いを担保にして，逃亡防止等の可能性を低減化しているのである。勾留がもたらす不利益をできる限り回避し，人身の自由を保障するところに保釈の存在意義がある。

　本件では，保釈は認められなかった。裁判官は真剣に取り合ってはくれなかったというが，誠に遺憾なことと言わざるを得ない。勾留がもたらす弊害と憲法の人身

の自由尊重を踏まえて，事実を精査し，保釈の可能性をできる限り探るべきであった。弁護人が指摘するように，本件は現行犯で逮捕され，事実を認めて自白調書が作成されていたのであるから，証拠を隠滅する余地自体がほとんどなかったというべきである。さらに妻子があり，職場の状況を考えれば，逃亡の可能性はきわめて少なかったと言える。再度強調するが，被告人の勾留は，有罪の確定していない未決段階での身体拘束であり，処罰の先取りとして行われるものではないのである。

　裁判員裁判においては，必ず公判前整理手続きが実施される。裁判官による裁判に比べ，保釈はより広く認められるべき必要性が高いし，実際にも可能である。弁護人が述べているように，さまざまな防御活動を行うためには，身体拘束は大きな制約になり，無罪推定の原則にも反しかねない。また，裁判員裁判は連日的開廷で行われ，進行が早い。1日の公判が終わったら，次に備えて弁護人と被告人は十分な打ち合わせをしなければならない。被告人が勾留されていると，弁護人との面会それ自体がままならず，打ち合わせに支障が生じる。また，公判前整理手続きによってすでに証拠や主張の整理が行われているので，公判開始時点においては証拠隠滅の可能性はほとんど考えられない。したがって，保釈を許さない根拠はおおかた失われ，それを認める可能性は格段に高くなっているはずである。

3　強盗か窃盗か

　刑事訴訟においては，原則として検察官だけが起訴（公訴提起）の権限を有している。検察官は捜査の結果を踏まえて，いかなる罪で起訴するか裁量権を有している。したがって，強盗致傷罪で公訴提起されたとしても，それはあくまでも検察官の仮説的主張，判断にとどまる。最終的な判断は，裁判員と裁判官が行うことになるのである。

　本件においては，当初から被告人が犯人であることに争いはなく，有罪であることを自ら認めていた。ただ基本的な事実関係に争いはない場合であっても，犯行に至るまでの経緯や犯行態様の細部まで，まったく検察官の主張する通りであるとは限らない。本件でも，犯行に至るまでの計画性や，被告人の暴行の程度ならびに態様が争点となっていた。暴行が直接財物を取ることだけではなく，被害者に向けられ，その反抗を抑圧する程度になっていたら，強盗という評価になる。本件の事実経過からすると，従来の裁判官だけによる判断例からすれば，強盗にされてしまいそうにも見える。弁護人の述べるとおり，形式的には強盗かもしれないとしても，実質的には窃盗と紙一重というべき行為であった可能性が高い。検察官の主張が果

たして妥当なのか，一般市民たる裁判員の判断を仰いでみたい事案であろう。

　また，上記の争点は量刑判断においても大きな意味を持つ。後述するとおり，実刑か執行猶予刑かで，被告人本人はもちろん，その家族への影響は大きな違いとなって現れる。こうした場合，公判廷でどのような証拠調べをすべきか。従来の裁判では，捜査段階で作成された供述調書などの書面が証拠として多く調べられ，裁判官はそれらを裁判官室などで読んで心証を得てきた。しかし，裁判員時代を迎え，書面を読んで心証を形成するのは基本的に無理であり，公判廷で直接証言してもらい，その場で心証を形成することが原則にならざるを得ない。書面主義から口頭主義への転換が不可避である。本件では，被告人の調書を証拠とすることに同意することなく，公判廷で直接被告人の口から状況を述べてもらった。基本的に正しい方向であると考える。

　なお本件においては，捜査段階で弁護人の関与がなされなかったことから，かなり被告人の悪質性が強調された証拠作りが行われ，強盗致傷罪で起訴された。現在では，早期に国選弁護人が付されることが可能になったので，そのような状況は改善されたとは思う。もっとも，それだけ弁護活動に対する期待は大きくなったのであり，弁護人の職責は重くなったといえよう。捜査段階におけるいっそう的確，迅速な弁護活動が求められている。

4　犯罪被害者との関係

　本件では，被害者の供述調書が証拠として調べられ，被害者は直接公判廷で証言はしなかったものと推測される。しかし，裁判員裁判では口頭主義が原則となるので，本件のような事案では，公判廷における被害者の証人尋問も不可避となるだろう。被害者が被告人に依然として悪感情を抱いていると，被害者の法廷証言は被告人には不利に働く可能性が高い。しかし，犯行態様などについての被害者証言につき，その矛盾をつくことができれば，必ずしも不利にはならない。また，弁護人も述べている通り，示談への努力をより明らかにすることにもつながるであろう。この点でも，弁護人は十分な準備をして，弁護活動の質を高める必要がある。

　他方，被疑者段階で弁護人が付くことが原則化し，その活動が広範になることは，被害者にとってもよい方向になるようにも思われる。すなわち，弁護人の関与が早期化することによって，被疑者・被告人側が弁護人を通じて，従来より早い段階から被害者と接触することができるようになる。本件でも，もっと早い段階からお見舞いに出かけることができていれば，もう少し被害感情は和らぐこともあった

かもしれない。捜査段階から弁護人が被害者に働きかけ，加害者側の誠意を見せ，結果として示談に持ち込むことができれば，それは被害者と被告人双方にとっても好ましいように思われる。

5　刑務所に入るということ

　本件では，被告人を懲役刑（実刑）に処して直ちに刑務所に入れるか，それとも執行猶予付きの懲役刑にして，引き続き社会内で生活させるかが問題となった。前述したとおり，計画性や犯行態様などが，量刑事情として争点となった。実刑になれば，家族や仕事と引き離され，被告人にとって重大な衝撃となる。

　刑事裁判においては，「疑わしきは被告人の利益に」の理念が鉄則とされている。この鉄則は，事実認定のみならず，量刑決定においても尊重されるべきであろう。刑罰を科すことは，不利益な処分を被告人に科すことであり，自由権や生命権の制約を意味する。とくに，死刑か無期懲役か，実刑か執行猶予刑かといった，量刑の差異が刑罰の質的差異をもたらすような場合は，この鉄則は十分考慮されるべきである。少しでも実刑にすることに合理的疑いが残った場合には，被告人に利益に判断し，執行猶予付刑にすべきである。逆に言えば，実刑にするのであれば，そのことにつき確信が必要であろう。

　この点を裁判員に考えてもらうために，弁護人として，人を刑務所に収容するということの重大な意味を，正しく伝えることが大事である。刑務所での処遇がどのようなものなのか，家族と切り離されることがどのような影響をもたらすのか。あわせて，被告人の反省と，実刑にならないことによる更生可能性をわかりやすく裁判員に呈示する必要がある。弁護人として量刑について裁判員を説得するためにも，刑事弁護に携わる者自身がもっと矯正・保護制度に関心を持つべきである。また，受任している事件の裁判が終わったら弁護人の任務は一応終了するとしても，その後の被告人の処遇に常に関心は持つべきである。

（龍谷大学大学院法務研究科教授　福島　至）

2

殺 人 罪

◈ 殺人罪の認知件数・検挙人員の推移

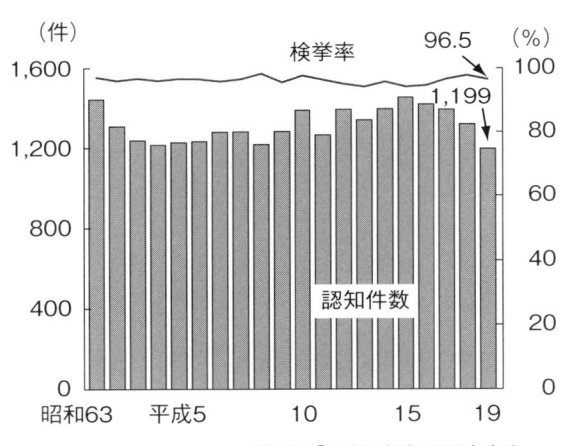

（出典：『平成20年度 犯罪白書』）

Case　　　秋　田　真　志
Comment　　川　崎　英　明

秋田 真志 —AKITA Masashi—

1963年 大阪府 生
東京大学法学部卒業
現在，弁護士（大阪弁護士会）

裁判員になるあなたへ

「どうして悪いことをした人の弁護をするのですか」。その理由をわかりやすく説明するのはなかなか難しいものがあります。私は，「そこに1人の人間がいるからです。弁護に値しない人間などいません。この世の中に，犯罪者として生まれてきた人は1人もいないのです」と答えます。佐藤弘の物語は，私の曖昧な答えを，少しは補足してくれたでしょうか。あなたが裁判員になったとき，被告人として裁かれている彼らを，悩み苦しむ1人の人間として，見つめていただければ幸いです。

川崎 英明 —KAWASAKI Hideaki—

1951年 長崎県 生
大阪市立大学大学院博士課程退学．博士（法学／東北大学）
現在，関西学院大学大学院司法研究科教授

裁判員になるあなたへ

尊敬してやまないある先生が，常々，刑事裁判における人権の意義を広く社会に理解させることは本当に難しいと言っておられました。たしかにそうで，ロースクールの学生と接するなかでも，そう実感しています。事態打開の手がかりは歴史にあるのではないでしょうか。裁判員としての自覚と矜持を支えるのは，還暦を超えた日本国憲法の下に積み重ねられてきた松川事件等の国民的な裁判闘争や冤罪救済運動の成果に学ぶ姿勢ではないかと思います。

Case 2

大人しい彼に殺意が芽生えるとき

> どのような事件か

(1) 接見室で

　佐藤弘（仮名）に初めて会ったのは，弁護士になって5年目が終わろうとしていたころであるから，もう15年も前になる。当時，私は勤務先の事務所から独立するための準備を進めていた。そんなある日，兄弁から，「知り合いの不動産業者の紹介で，刑事事件の相談があった。知人を殴ったとかで捕まっている人がいるらしい。接見に行ってきてくれ」と指示された。言われるがままに，郊外の警察署に向かった。

　季節は2月末，春が近づいているとはいえ，古びた警察署の接見室は薄暗く，寒々しかった。留置管理係に促されて接見室に入ってきた佐藤は，色白で，見るからに大人しそうな優男だった。35歳だという。結婚して子どももいるという。何か，さばさばとしている雰囲気であった。決して饒舌ではなく，ぼそぼそと時折微笑を浮かべながら，丁寧に答えた。とても，人を殴るような人物には見えなかった。

　ところが，佐藤の話を聞いて驚いた。知人をハンマーで頭部に殴りつけたというのである。被疑罪名は，殺人未遂だという。未遂とはいえ，「殺人」というおどろおどろしい罪名と，目の前の色白の男性とが結びつかず，戸惑うばかりであった。

　兄弁への佐藤の紹介者に聞いてみても，佐藤は普段から大人しい人物だという。佐藤を知る周囲の人間は，みな一様に，今回の事件に驚いているとのことであった。

　2週間後，佐藤は起訴された。罪名は殺人未遂である。公訴事実は，深夜11

時すぎ頃，自宅近くの駐車場において，元上司であった33歳の被害者藤田仁史（仮名）に対し，金属製ハンマーで執拗に殴りつけるなどし，加療約１ヶ月を要する頭蓋骨陥没骨折などの重傷を負わせたというものであった。

(2) 背景事情

　佐藤は，なぜこのような事件を起こしたのか。

　開示された証拠や佐藤の話から，以下のような経緯が明らかになってきた。

　事件の２年前，佐藤は，友人のＡ氏とともに不動産会社Ｄ社を設立した。Ａ氏が出資し，佐藤が働くというスタイルである。

　佐藤に従業員がいるわけではない。佐藤は，営業，経理から細々とした雑用まで，すべて１人でこなさなければならなかった。他方，経済的には，共同経営者として扱われた。定額の給与があるわけではない。給与は完全歩合制で，売上げから経費を引いて残らなければ，佐藤の取り分はなかった。

　佐藤は，コツコツと真面目に事務作業はこなすが，口べたで内向的であった。営業成績は振るわなかった。このため，佐藤に給与は微々たるもので，まったくない月もあった。

　そのＤ社にＡ氏の紹介で入社してきたのが，被害者の藤田であった。

　藤田は，佐藤より２歳年下である。しかし，Ａ氏の紹介ということで，佐藤の上司という立場になった。

　藤田は，佐藤と対照的に，口が達者なうえ要領がよく，営業成績は抜群であった。佐藤の薄給を尻目に，高額の歩合給を受け取ることになった。ところが，その一方で，藤田は，契約書作成，融資手続，顧客のクレーム処理などの細々した事務は，面倒くさがって，すべて佐藤に押しつけた。佐藤はこのような藤田の尻ぬぐいに追われたため，自らは営業に回る余裕すらなく，ますます歩合制の給料が減る有様であった。しかし，内向的で嫌とは言えない性格の佐藤は，藤田に文句も言えず，黙々と藤田に押しつけられた仕事をこなしていった。

　藤田は，より高い歩合給を求めてＤ社を退職し，別会社に移籍した。藤田の退職により，Ｄ社の売上げは激減した。佐藤は，経費節減のため事務所を，佐藤の自宅１階に移したうえ，再起を図ることにした。経営はさらに苦しくなったが，佐藤は，ようやく藤田から解放されたと胸をなでおろした。

　ところが，藤田は信じられない行動に出た。別会社に移ってもなお，事務処

理を黙々とこなす佐藤を便利がって，契約書作成，融資手続，クレーム処理を押しつけてきたのである。別会社に移っているにもかかわらず，謝礼もまったく払おうとしない。「ありがとう」の一言すらなかった。

　佐藤はそれでもなお，文句を言えなかった。黙々と藤田に押しつけられた仕事をこなしていた。そんなとき，佐藤は，Ａ氏から信じられない言葉を聞いた。藤田が「佐藤は無能や。営業もまともにようしよらへん」と言っていたというのである。

(3)　**事件の経緯**

　事件が起こったのは，佐藤が，藤田に陰口を言われていると聞かされてから数日後，２月下旬のある日のことであった。

　その日の午後11時，佐藤は今はＤ社の事務所兼となった自宅の１階で黙々と残業をしていた。春が近いはずなのに，冷え込む夜で外には雪もちらついていた。

　そろそろ寝ようかと思ったとき，扉を開けて入ってきた男がいた。藤田である。

　「俺の車，パンクしちゃった。タイヤを替えて」

気楽なため口であった。さすがに佐藤も唖然とした。佐藤は言った。

　「えー，今から？」

　佐藤にしてみれば，夜の11時にもなって突然現れた藤田に，その非常識さを悟らせるための精一杯の抗議のつもりであった。

　「うん，明日俺，朝からどうしても車いるねん。今直しとかんと困るねん」

　藤田には，婉曲な言い方をしても無駄だったようである。
　佐藤は，それ以上反論する言葉を持たなかった。
　佐藤は，寒いなか駐車場に向かった。藤田は佐藤の後ろから「おお，寒〜」とのんきに言いながらついてきた。
　佐藤は，しゃがみ込んで藤田の車のタイヤを確認した。たしかにパンクしている。タイヤを交換するしかない。藤田を見ると，横で突っ立っている。佐藤のしていることを見ようとすらしない。

「ジャッキアップするから，藤田さんも自分で見て，ジャッキをあてるところを確認してよ」

　そう言い残して，佐藤は自分の車のトランクからジャッキを取り出そうとその場を離れた。声の調子で，精一杯不愉快さを伝えたつもりであった。しかし，藤田は，佐藤の気持ちをまったく意に介していないようであった。寒そうに身をかがめながら，ようやく車の底部をのぞき込もうとしている。

　「寒いのはこっちなのに…」と思いながら，佐藤は，トランクを開けた。

　ふとトランクの隅に，金属製ハンマーが積まれているのが目に映った。外灯で鈍い光を放っていた。何か異様な気持ちが，佐藤の心のなかをよぎった。

　藤田を見ると，佐藤に言われたためか車の横でしゃがみ込んでいる。

　まったく無防備の後ろ姿を佐藤にさらけ出していた。

　「コトン」

　佐藤の心のなかで，今度は何か音がした。佐藤は，ハンマーを手にして，藤田の背後から近づいた。そして，ハンマーを頭上に振り上げた……。

　その後のことは，佐藤には記憶にない。

実際の弁護活動

(1) 保釈と示談

　佐藤が，藤田の頭をハンマーで殴りつけ，重傷を負わせたことに疑いはない。

　しかし，私は，佐藤に対し深く同情した。佐藤は，どう見ても犯罪と無縁である。藤田とめぐり合わなければ，殺人未遂犯の汚名を着せられることもなかったであろう。幼子を抱え，憔悴しきった佐藤の妻の姿も痛々しかった。彼を刑務所に送りたくない，心からそう思った。

　このような事件の場合，とにかく弁護活動の第一は，被害弁償，そして示談である。

　そして，何とかして，佐藤の保釈も獲得したかった。

　しかし，ほとんど無給の生活を続けた彼には，まったく経済的な余裕などなかった。保釈金の目処も，被害弁償の目処も立たなかった。

ともかく，保釈を請求した。幸い保釈を担当した裁判官は，物わかりのよい裁判官であった。300万円の保証金で保釈を許可してくれた。問題は，この300万円をどうやって用立てるかである。この問題も，すぐに解決した。A氏をはじめ，佐藤のまじめな性格を知る多くの知人からカンパが集まったのである。佐藤は，保釈された。

　次は，藤田との示談である。カンパをしてくれた人たちに，300万円全額を被害弁償に充てることを承諾してもらった。背水の陣であった。300万円全額を被害弁償に充てたにもかかわらず，佐藤がそのまま実刑になれば，佐藤の妻子はそれこそ路頭に迷うかもしれない。しかし，ここは賭けるしかない，と心に決め，私は藤田が住むマンションを訪ねた。

　玄関に現れた藤田は，頭にぐるぐると白い包帯を巻きつけていた。事件から3週間以上経っていたが，その痛々しい姿は，なお事件の痕を生々しく訴えてきた。ただ，その痛々しさと裏腹に，藤田の表情は，意外に明るかった。私をリビングに通し，話しかけてきた。

　「いやぁ，びっくりしましたよ。ハンマーでいきなり殴られたんですから。佐藤さんはどうなったんですか。保釈ですか。それはよかったですね」

　見るからに口べたで，無口な佐藤とは好対照である。その屈託のなさに半ば驚きながら，内心，彼の営業成績が抜群だというのもうなづけると思った。私は，案外スムーズに示談できるかもしれない，と一瞬期待した。ただ，私が示談をお願いしたいと切り出したところ，藤田は，明るい表情を崩さないまま，毅然と答えた。

　「ご存じでしょうけど，僕は，最低月100万円は稼いでましたからね。全治は3ヶ月以上はかかるみたいですよ。慰謝料ももらえるんでしょう」

　それだけ稼げたのは，佐藤を踏み台にしてたからじゃないか，という気持ちを飲み込んだ。ここは，とにかく示談を成立させなければならない。そして，そのためには，駆け引きはすべきではないと思った。私は，保釈金として，300万円が裁判所に納められていること，佐藤が逃亡さえしなければ，判決時にこの保釈金は弁護人のもとに戻ってくること，その300万円を全額賠償金に

充てることを伝え，その額で示談をしてほしい，と申し入れた。

　藤田の明るかった表情が少し変わった。300万円という数字に納得していないことは明らかであった。いきなり300万円と言ったのは，失敗だったか，と後悔の念が浮かんだ。果たして藤田は，

　　「まあ，考えさせてもらいますわ」

と即答を避けてきた。

　　「よろしくお願いします」

　頭を下げ，私は複雑な思いで藤田宅を後にした。

　ラッキーだったのは，Ａ氏の存在であった。藤田をＤ社に入れ，佐藤の上司に据えたのはＡ氏であった。今回の事件に責任を感じていたＡ氏は，藤田に示談を促してくれたのである。数日後，藤田から，私に対し，300万円で示談に応じるとの連絡があった。厳重な刑罰は望まない旨の嘆願書の作成にも応じてくれるとのことであった。

　とりあえず，執行猶予に向けて，最低限の条件はクリアした。ひとまずホッとした。しかし，あくまで最低条件にすぎない。もちろん，これだけでは十分とは言えない。公判に向けて，さらに弁護方針を練る必要があった。

(2) 弁護方針の迷い

　示談は成立し，嘆願書もとれたが，それだけで執行猶予になるほど甘くはない。何と言っても，罪名は殺人未遂罪である。傷害の程度も重い。私は，佐藤の弁護方針に悩むこととなった。

　まず，弁護の基本は，何より依頼者本人の話である。しかし，佐藤に聞いても，頭が真っ白で記憶にないという。見るからに真面目そうで誠実そうな佐藤の人柄を見ても，そのとつとつとした話しぶりからも，嘘をついているようにはとても思えなかった

　しかし，一方被害者藤田の供述調書を見ると，その犯行状況は，佐藤の供述とはまったく違った。とにかく，冷静な雰囲気の佐藤に一方的に殴られ続けたというのである。殺意を争うべきだろうか。藤田の供述する犯行状況を争うべきだろうか。藤田の供述調書を不同意にして藤田を証人尋問すべきだろうか。

そして，藤田の非常識さをどこまで強調すべきだろうか。

殺意や犯行状況を争って，不合理な弁解をしていると見られてしまえば，裁判官に反省していないと取られて量刑が重くなるおそれがあった。ハンマーで頭を殴りつけたとなれば，通常殺意を争う余地などないようにも見える。あえて殺意を争うことは，それ自体として不合理な弁解だと言われかねない。

また，被害者の証人尋問は，被害感情を逆撫でするおそれがある。せっかく示談が成立し，嘆願書を得られたといっても，支払いは保釈金の返還後である。被害感情を損ねてしまえば，せっかくの示談も，そして嘆願も，泡となりかねない。

被害者の非常識さをどこまで強調するかも難しかった。佐藤に対する同情を得るためには，その非常識さを浮き彫りにすることが，不可欠である。しかし，他方で，被害者の非常識さを強調すればするほど，確定的な殺意を強調することにもなりかねない。生の事件に直面したときに弁護人として，このような二律背反は常に悩むところである。この弁護人の悩みは，裁判員裁判でもつきないであろう。

いろいろ考えたが，結局，最もオーソドックスな刑事弁護戦略をとることに決めた。オーソドックスとは，つまり被告人の話に忠実に弁護することである。

本人が覚えていない以上，殺意は争う。

本人の供述とあわない以上，被害者の供述調書は不同意にして，証人尋問をする。

被害者の非常識な行動が，本件の背景である以上，その点は十分に立証する。

ありのままに主張し，ありのままに立証する。そして，裁判所の判断に委ねる。

結論を出すには，時間がかかったが，考えてみればシンプルな弁護方針であった。

(3)　公　　判

第1回公判での冒頭手続において，私は殺意を争った。そして，藤田の供述調書の証拠採用には同意しなかった。このため，藤田が証人として法廷に呼ばれることになった。

第2回公判期日，藤田の証人尋問が実施された。

藤田に対する反対尋問は，とても成功したとはいえなかった。

考えてみれば，当然である。藤田の証言には，それ自体として決して不自然なものではなかった。むしろ，殴られたときの状況を，非常に生々しく，リアルに説明するものであった。しかも，その藤田証言を崩そうにも，その手がかりとなるはずの佐藤供述は記憶がない，というだけである。これでは，武器なしに戦場に送り込まれた兵士と同じである。反対尋問が成功するはずもなかった。勝ち目のない戦いは，逃げるに限る。反対尋問は，早々に切り上げざるを得なかった。

　ただ，藤田から見ても，佐藤は大人しく，真面目な男であることだけは念入りに確認した。そのうえで，佐藤に殴られたことについて，藤田には思いあたるところがあるかを尋ねた。果たして藤田は，なんでそのようなことを聞くのか，と怪訝そうな顔をしながら，「ない」と明言した。

　日を改めた第3回公判期日，弁護側の情状証人として，まずA氏が証言に立った。A氏は佐藤の生真面目さとともに，藤田が佐藤にいろいろと押しつけていたこと，その反面，佐藤の陰口をたたいていたことなどを証言した。

　続いて，佐藤の妻が証言に立った。妻は，涙ながらに夫の優しさ，そして真面目さを語った。

　そして，佐藤本人に対する被告人質問が行われた。D社での佐藤の仕事ぶり，藤田の言動，D社の経営状態，そして事件に至る経緯について，佐藤は，その性格そのままに淡々と語っていった。ただ，肝心の殴打場面については，首をうなだれて，「覚えていません」と繰り返すだけであった。最後に，精一杯に反省の弁を述べて，弁護人からの主質問を終えた。

　検察官の反対質問は厳しかった。ハンマーの大きさ，重みを確認させたうえで，それを手にしたときの思いを尋ねた。そして，藤田の証言をもとに，殴打場面の1つ1つを追及していった。佐藤は，言葉に詰まり，首をさらにうなだれるばかりであった。

　第4回公判期日，検察官の論告求刑，そして弁護人の最終弁論が行われた。検察官の論告は，藤田の証言をもとに，佐藤の殴打行為の危険性，悪質さを余すところなく強調していた。記憶がないという佐藤の弁解を虚偽と断じた。そして，佐藤の確定的殺意は明らかであるとしたうえで，重々しく求刑を述べた。

「以上諸般の事情を斟酌の上，被告人を
　　　　　懲役6年に
　　処するのを相当と思料します」

　一般に検察官は，求刑の6割以下の判決となったとき，判決が軽すぎるとして，控訴を検討するといわれている。懲役6年の求刑をした場合，検察官は，少なくとも懲役3.6年，すなわち懲役3年8月以下の刑にすべきではないと考えているのである。執行猶予判決は，懲役3年以下の判決の場合にしか言い渡すことはできない。つまり，懲役6年という求刑は，絶対に執行猶予にはするな，という検察官の強いメッセージを意味していた。

　いくら示談が成立したとはいえ，ハンマーで頭を殴りつけた行為の危険性，そして殺人未遂という罪名からすれば，ある意味では検察官として当然の求刑とは言えた。むしろ，軽い求刑とすらいえたかもしれない。

　十分に予想できたとはいえ，何とか佐藤を執行猶予にしたいと考えていた私にとっては，厳しい求刑であった。やはり執行猶予を狙うこと自体が間違いだったのか，とも思えてきた。

　引き続いて弁護人の弁論である。

　私は，まず300万円という大金を払うことで被害者との示談が成立し，嘆願書も得ていることを強調した。そのうえで，佐藤の真面目さ，藤田の一連の行動の非常識さを訴えた。何より，佐藤に身勝手に依存しながら，なぜ殴られたのかは，「思い当たるところはない」と言い放つ藤田の無頓着さこそが，本件の最大の原因であると論じた。そして，佐藤は，憤激により極度の興奮状態にあり，佐藤が供述するとおり，記憶が失われても何ら不自然ではないと主張した。

　そして，佐藤の反省，彼を頼りにする妻子の存在，そして監督を誓約するA氏の存在を強調し，是非とも執行猶予付の判決とされたい，と結んだ。

　日本の裁判官の多くは，ポーカーフェースで，心証を表情にはださない。この事件を審理した3人の裁判官も同じであった。みな，変わらぬ表情のまま，検察官の論告求刑，弁護人の弁論を聞き終えた。

　裁判長が，告げた。

　「被告人，前に出なさい」

促された佐藤は証言台に進み出た。

　「これで審理を終えますが，最後にあなたの意見を述べる機会を与えますから，言いたいことがあれば言っておきなさい」

　佐藤は，裁判長に深々と頭を下げた。

　「申し訳ありませんでした」

　口べたの佐藤には，それが精一杯の一言であった。
　裁判長が機械的に判決期日を指定し，結審した。
「執行猶予はダメかもしれない。でも，やれるだけのことはやった」心のなかで自分に言い聞かせながら，佐藤とともに法廷を後にした。

⑷　判　　決

　結審から約1ヶ月後，いよいよ判決期日を迎えた。
　入廷した裁判官3人が着席した。
　裁判長が，いつもの機械的な口調で告げた。

　「被告人，前に出なさい」

　佐藤は証言台に進み出た。

　「佐藤弘ですね。あなたに対する殺人未遂被告事件について判決を言い渡します。主文…」

　裁判長の声が法廷に響いた。「主文」の一言の後，一瞬おかれた間が，判決言渡の緊張感を否応なく高めた。

　「被告人を懲役3年に処する」

　再びおかれた一瞬の間の後，裁判長は続けた。

　「この裁判が確定した日から4年間右刑の執行を猶予する。訴訟費用は被告人の負担とする」

　執行猶予判決であった。肩の力が抜けていくのがわかった。今さらながら，弁護人席で緊張し，1人で力みかえっていたことに気づいた。

その後，朗読された判決理由は，弁護人の主張をことごとく斥けていくものであった。犯行状況は，藤田の証言どおり認定したうえで，殺意についても「以上の認定事実によれば，被告人は，無防備な状態の藤田の後方からいきなり相当の重さの鉄製の金槌で，その頭部を力一杯多数回にわたり強打し，一歩間違えば致命傷となったであろう重傷を負わせており，…非常識ともいえる藤田の態度に憤激したことも，殺意を抱く動機として何ら不自然ではなく，被告人は殺意を有していたとみるのが相当である」と明確にその存在を認定していた。

　そして，量刑の事情としても，「犯行態様は，執拗かつ残忍である上，被害者に重傷を負わせており，被告人の責任は重い」と断じた。それだけを聞けば，検察官の論告と同じ論調であった。

　佐藤の責任を厳しく指摘したうえで，裁判長は朗読を続けた。

　「しかしながら，被告人は当時仕事上のストレスで精神的に疲弊しており，本件はかかる状況下の偶発的犯行であること，仕事や私生活上被告人の多大な助力を得ながら，被告人を中傷し，夜更けに自車のタイヤ交換を依頼する等些か常識に欠ける被害者の振る舞いが，本件犯行の誘因となっていること，幸い被害者の傷も完治し，後遺症もないこと，被害者に300万円支払うことで示談が成立し，被害者も被告人を宥恕していること，被告人は前科もなく，これまでまじめに生活してきており，本件を深く反省悔悟していること等の情状をも考慮して，今回に限りその刑の執行を猶予することとする」。

　温情ある判決であった。

　朗読後，裁判長は，それまでの口調を変えることなく，いつものとおり機械的に告げた。

　「この判決は有罪判決ですから，不服があるときは控訴することができます。控訴するときは，明日から数えて14日以内に，高等裁判所宛の控訴申立書を当裁判所宛に提出するように」

　告げ終えると，裁判長はすっくと立ち上がり，2人の陪席裁判官を従えて，法壇から消えた。

　私は，判決後すぐに保釈金300万円の還付を受け，全額を藤田の指定口座に振り込んだ。そして，藤田に電話で，執行猶予判決となったことを伝えた。藤

田は,「そうですか。よかったですね」とやはり屈託がなかった。「無神経でさえなければ,いい人なのに…」心のなかでつぶやきながら,改めて示談・嘆願書の礼を述べて電話を切った。

　検察官に電話をして,控訴しないように申し入れた。検察官は,「判決は不満です。当然,本来なら控訴ですけど,先生,300万円は支払われたようですね。まあ,被害者もこだわってないようですから,私個人としては,まあいいか,とは思ってます。でも,うちも組織ですから,先生のご希望に添えるかはわかりませんよ」とのことであった。検察官控訴への含みを残しているが,主任検察官が,控訴にこだわっていない以上,大丈夫であろう。それにしても検察官は,判決後すぐに被害者の意向を確認し,実際の弁償の有無も確認していた。弁護人としても,直ちに送金をしておいてよかったと,胸をなで下ろした。

　判決から2週間,双方から控訴はなく,執行猶予判決は確定した。

裁判員裁判では…

　さて,この事件が裁判員裁判であったら,私はどのような弁護をしたであろう。さすがに,15年前と現在では,社会の状況も,私の経験も大きく異なり,単純な比較はできない。とくに,犯罪に対する社会の非難は強くなり,厳罰化の傾向は明らかである。殺人未遂罪に対する量刑も明らかに重くなっている。現在であれば,この事件で検察官の求刑は6年にとどまらない可能性が高いし,執行猶予判決をとることは,15年前より,なお困難だろう。

　しかし,裁判員裁判でも,弁護の基本は同じであろう。

　被害回復を第一に考えながら,事件の背景を浮き彫りにしていく。佐藤弘という1人の人間を,単なる犯罪者,被告人としてではなく,生身の人間として描き出していく。そして,その生身の佐藤弘という人間を,本当に何年もの間刑務所に送ることが必要なのかを問い,執行猶予判決を求めていく。その基本に何らの違いもないはずである。

　違いがあるとすれば,藤田をどのように扱うかである。裁判員裁判であれば,被害者である藤田を証人として法廷に呼ぶことにそれほど躊躇しなかったと思う。また,藤田の非常識さを描き出すことにもためらわなかったであろう。

職業裁判官の裁判では，争いがない事実は調書を同意し，その調書を法廷外で裁判官が読み込むことがあたりまえのように行われてきた。そして，弁護方針も，そのような調書でたくさんの有罪判決を書いてきた裁判官の感覚が基準となっていた。

　そのような調書優先の実務になれてくると，調書に同意しないことが，何か特別なことのように思えてくる。そのため弁護人も，知らず知らずのうちに調書から描き出されるストーリーを意識する。調書を前提に，被告人の弁解が通用するか，と考えてしまうのである。当初，藤田の調書を同意するかどうかを悩んだ私の頭にも，そのような無意識の前提があったように思う。

　しかし，裁判員裁判は，調書による裁判ではない。裁判員も裁判官も，法廷で直接目で見，耳で聞いて心証をとることが大原則である。考えてみれば，密室で，捜査官によって作成された調書を読むことによって，事実を認定するなどおかしい。それでは，裁判は捜査官の心証を後追いするだけになってしまう。しかし，裁判員裁判以前には，そのようなおかしな「調書裁判」があたりまえのように行われてきたのである。裁判員裁判は，そのような調書裁判を，それこそ抜本的に変えるであろう。私は，それこそが裁判員裁判導入の最大の意義の1つであると考えている。

　藤田の非常識さを浮き彫りにすることについても，同じように職業裁判官による裁判になれてきたことの影響があったと思う。これまで私たちは，無条件に職業裁判官の感覚を前提としてきた。厳格で規律を重んじる裁判官の目から見れば，藤田の非常識さを強調することは，責任転嫁と取られるのではないか，あるいは自分の罪の重さを十分に自覚していないと取られるのではないか，反省していないと取られるのではないか，等々の感覚である。多くの犯罪者に触れ，さまざまな弁解を耳にしてきた裁判官からすれば，そのような責任転嫁を潔しとしない，との危惧がぬぐえないのである。

　もちろん，多くの裁判員にも，同じような感覚はあるであろう。しかし，刑事事件に慣れていない裁判員たちは，それを弁解ととらえるかどうかという以前に，生の事実を知りたいのではないかと思う。大人しい佐藤がどうしてハンマーを振り上げたのか，佐藤と藤田との間でいったい何があったのか，そのときの佐藤の気持ちはどうか，藤田の気持ちはどうか，生々しい事実そのものを

知り，感じ取りたいのではないかと思う。

　真実をありのままに明らかにする，そのことは裁判員裁判において，これまで以上に重要なことだと思えるのである。

（弁護士　秋田　真志）

Comment

1　事件を見る視点──検察官の目と弁護人の目

　この事件は，金属製ハンマーで元上司の頭部を執拗に殴りつけ，加療1ヶ月を要する頭蓋骨陥没骨折などの重傷を負わせたという殺人未遂事件である。こう聞くと，「これは凶悪犯罪だ。なのに執行猶予？量刑が甘いのでは？」という印象を持つ人が多いかもしれない。しかし，秋田真志弁護士が説明しているような背景事情を知ると，重傷を負わせた罪は重いが，被告人の側にも同情すべき事情はある，罪は許されないが執行猶予の判決も理解はできる，と考え直す人も多いかもしれない。

　検察官が起訴状のなかで描く犯罪行為は処罰を求める訴追機関としての立場から見た一方的な事件の筋書きであり，それが真実であるとは限らない。検察官がいうような犯罪自体がなかったという事例も稀にはあるし，検察官が犯人だと睨んだ被告人が無辜（無実の人）だったという事例も少なくない。被告人の犯罪は明らかだが，その背後に，検察官の主張とは違って，被告人に同情すべき事情が浮かび上がってくることもよくある話である。

　刑事事件の弁護人の役割は，検察官が主張する事件のストーリーを見据えて，被告人の言い分をもとに，被告人の立場から，検察官が描く事件の筋書きが本当に成り立つものなのかどうかを吟味することにある。刑事裁判では，まず検察官が起訴状を朗読して，被告人の刑事責任を問う犯罪行為の内容を簡潔に示して審理の対象となる事件を示し，次いで証拠調べに入る段階で，検察官が，冒頭陳述により，犯罪行為に至る経緯や背景を含めて犯罪事実の詳細を述べ，どういう事実を立証していくのかを明らかにすることになっている。裁判員裁判では，検察官の冒頭陳述の後に，弁護人も冒頭陳述を行う。弁護人は，冒頭陳述のなかで，検察官が主張するような犯罪事実は存在しないとか，被告人にはアリバイがあり犯人ではないとか，

あるいは，検察官が有罪立証の柱に据える自白は違法取調べで得られたものだから証拠排除せよと主張したり，また，被告人の犯罪行為は争わないが正当防衛だとか，故意がないとか，あるいは同情すべき事情があるから刑を軽くすべきだと主張し，その具体的事情を述べることになる。このように，弁護人の冒頭陳述とは，被告人の側から見た事件の筋書きを裁判所に提示するものなのである。最近，裁判員裁判ではケース・セオリーが重要だと指摘されることがある。ケース・セオリーとは，当事者からする事件の説明であって，当事者の求める結論を論理的かつ法的に導くことができ，すべての証拠を矛盾なく説明できるものとされている（日本弁護士連合会編『裁判員裁判における弁護活動』［日本評論社，2009年］24頁参照）。しかし，無罪推定原則の下では被告人は自分が無罪であることまで証明する必要はなく，検察官の有罪立証に納得できない点が残る（「合理的疑い」が残る）ことを示せば足りる（このことを，刑事裁判では検察官が挙証責任を負うという）。ケース・セオリーというのもこの挙証責任の原則に立つものであって，検察官の描く有罪主張のストーリーに相対して，それとは異なる無罪のストーリーを矛盾なく説明する責任を被告人に負わせるべきだという主張（アナザー・ストーリー論と呼ばれてきた主張）ではないというのなら，異論を唱えるまでもない。刑事弁護とは検察官の有罪主張を弾劾する防御活動であり，事件によっては弁護人の冒頭陳述で検察官の有罪主張のストーリーに相対して無罪のストーリー（アナザー・ストーリー）を語るべき場合もあるが，それは事件の個性に応じて選択すべき刑事弁護の戦略，方針の問題なのである。

　この事件で，秋田弁護士は，凶悪な殺人未遂という検察官の描く事件のストーリーに相対して，殺意を争うとともに，被害者の非常識な行動が事件の背景にあることを十分に立証し，被害者との示談を成立させる活動をした。秋田弁護士はこれを「被告人の話に忠実に…ありのままに主張し，ありのままに立証する…シンプルな弁護方針」と呼んでいるが，これが秋田弁護士が選択したケース・セオリーであった。金属製ハンマーで頭蓋骨陥没骨折を負わせた凶悪犯罪という，検察官が描いた事件のストーリーに相対して，秋田弁護士は，妻も子もあり，まじめに仕事をしてきた気弱な人間である被告人が，被害者の勝手きわまりない行動に起因する止めようのない鬱積された感情の暴発によって起こしてしまった突発的事件である，という事件像を裁判所に突きつけたのである。殺意なしという主張はいれられなかったが，確定判決は，被告人が「仕事上のストレスで精神的に疲弊した」「状況下の偶発的犯行である」「仕事や私生活上被告人の多大な助力を得ながら，被告人を中傷し，夜更けにタイヤ交換を依頼する等些か常識に欠ける被害者の振舞いが，本件犯

行の誘因となっている」「示談が成立し，被害者も被告人を宥恕している」と認定し，実刑判決を回避した。それはまさしく，秋田弁護士の弁護戦略，方針の成果であったといえよう。

このように刑事弁護の役割は，検察官が一方的立場から提示する事件像に相対して，被告人の立場から事件を捉え直して検察官主張を弾劾し，公正な裁判を実現することにある，ということがこの事件の弁護活動からよく読み取れると思う。

2 刑事弁護のジレンマと裁判員の姿勢

刑事事件では，犯罪の発生を受けて警察が捜査の中心機関として活動し，あらゆる証拠を集めて，検察官に送る（送検と呼ぶ）という過程をたどる。そして，現在の捜査のやり方では，被疑者が浮かび上がってくると，警察はこれを逮捕・勾留して，その間に精力的に取調べを行って自白を獲得し，自白調書を作成するのが通常である。被疑者は当初は否認しても，多くの場合，延長により最大20日間に及ぶ勾留（別件逮捕・勾留が使われると勾留は40日間に及ぶ場合もある）の間，代用監獄（警察の留置場）に収容され，連日取調べを受けて，最後には自白する。並行して物証が収集され，目撃者や被害者などの事件関係者も取り調べられ，その供述調書も作成される。この事件でも，被告人の自白調書が10通，確定判決にあげられており，被告人の妻や被害者の供述調書も証拠とされている。

公判審理で，被告人がそれまでの自白を翻して否認に転じて事実を争うと，捜査機関が作成した自白調書が検察官の側から証拠として提出され，その任意性や信用性が争いとなることが多い。その場合，自白調書の任意性や信用性を裁判所に否定させることは生やさしいことではない。この事件ではそこは問題とならなかったようだが，秋田弁護士は，被害者を証人として公判に出頭させて反対尋問をすべきかどうか迷ったという。犯行の状況を語る被害者の一方的ないいように反論するためには，公判廷（公開の法廷）で被害者に反対尋問をすることが有効だが，反対尋問をすると，被害者の被害感情を逆撫でし，あるいは殺意の認定や情状評価（被告人の反省の真摯性の評価）にもマイナスになることが危惧されるというわけである。かといって，反対尋問を諦めると，捜査機関が作成した被害者の供述調書の一方的な言いように基づいて，犯行状況が認定される結果を招いてしまう。公判廷というオープンな場での反対尋問のテストを経ていない供述調書には供述内容の真実性の保障が欠ける（これは伝聞法則という，刑事裁判の重要なルールである）のに，証拠として使われてしまうのである。秋田弁護士はそういうジレンマのなかで反対尋問をする

という決断をしたが，弁護士によっては，反対尋問を避けて裁判官の見識と温情にすがるという選択をする人も少なくないと思う。ここは刑事弁護の筋を通すか否かが厳しく問われる場面である。

　秋田弁護士は，もし裁判員裁判であったならば，直接・口頭主義を徹底し調書裁判を排斥する裁判員裁判の要請，そして「生の事実を知りたい」と考えるはずの裁判員の感覚に依拠して，悩むことなく反対尋問を選択しただろうと指摘している。たしかに，これまでのように捜査段階で捜査機関が作成した供述調書に依存する調書裁判が続くなら，裁判員裁判を創設した意味はないし，裁判員裁判は挫折する。その意味で，秋田弁護士の指摘は正しい（ただし，裁判員裁判となるのにもかかわらず，供述調書を証拠として広く出せるという刑事訴訟法の規定が変わっていないという大問題がある）。しかし，他方で，証人尋問や被告人質問から引き出される「生の事実」をありのままに受け止める裁判員の事実認定者としての姿勢をどう確保するのかという問題があることが忘れられてはなるまい。それは被告人の防御権に対する裁判員の理解の問題である。この点をもう少し敷衍しておこう

　刑事事件では，被告人は検察官に起訴されることで，否応なく防御活動を強いられる存在である。検察官は起訴をするときに誰の承諾を得るわけでもなく，その一方的な判断の下で被告人を刑事責任追求の場（公判廷）に引っ張り出しているのである。それはまさに一方的な応訴強制であるが，応訴を強制される当の被告人は無罪を推定される市民なのである。この認識があればこそ，憲法は31条以下で被疑者・被告人の刑事手続における防御権を基本的人権として手厚く保障したわけである。しかし，それだけでは足りない。検察官の立場からのみ事件を見ると，応訴を強制される被告人という視点は雲散霧消し，無罪推定や「疑わしきは被告人の利益に」などの刑事裁判の鉄則も頭から消え去りかねないということにも留意しなければならない。それゆえに，刑事裁判の判断者には，常に被告人の立場から事件を見るという自覚と矜持が求められる。それは言うは易く，行うは難い。だからこその自覚であり矜持である。この自覚と矜持のもとで初めて裁判員は公判廷での証人尋問や被告人質問から引き出される「生の事実」を公正に評価できるのではないだろうか。犯罪被害者の訴訟参加制度が昨年［2008年］12月から実施に移った段階にあることも見据えて，改めて，有罪か無罪かの事実認定と量刑判断を行う裁判員となるあなたに，この自覚と矜持の大切さをとくに強調しておきたい。

　　　　　　　　　　　　（関西学院大学大学院司法研究科教授　川崎　英明）

3

放 火 罪

✧ 放火罪の認知件数・検挙人員の推移

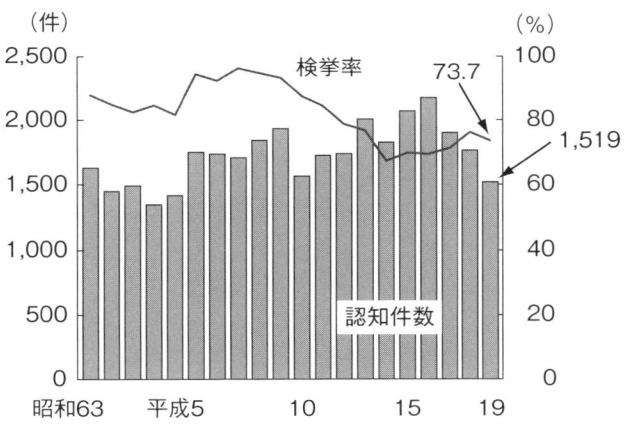

(出典:『平成20年度 犯罪白書』)

Case　　　陳　　愛
Comment　石　塚　章　夫

陳　愛　—CHEN Ai—

1972年　大阪府　生
大阪大学法学部卒業
現在，弁護士（大阪弁護士会）

裁判員になるあなたへ

　はじめて否認事件の判決を受けたときのことが忘れられない。弁護団はみな，無罪判決を確信していた。しかし，結果は有罪だった。そのときに弁護団のだれかが「ふつうの人が裁判をしてくれたら，必ず無罪になったのに」と言った。ようやく，ふつうの人がふつうの感覚で，裁判に参加する日が来た。裁判員制度のもとであれば，あのとき救うことができなかった彼を助けることができたのではないか，と今もよく思う。

石塚　章夫　—ISHIZUKA Akio—

1943年　東京都　生
東京大学法学部卒業．元裁判官
現在，弁護士（埼玉弁護士会）

裁判員になるあなたへ

　警察官がそんなひどい取調べをするはずがない，公務員である消防署員がウソの証言をするはずはない，やってもいない者がそんなに簡単に自白しないだろう，そんな「常識」が通用しないことが，陳愛弁護士の報告を読んでおわかりいただけたと思います。法廷に提出される証拠と虚心に向き合う，これが裁判員のみなさんに求められる姿勢だと思います。

Case 3

密室でつくられる放火というウソ

放火罪の特色

　ここでは2つの放火事件における弁護活動を紹介する。いずれも捜査官による自白の強要や誘導があった事案である。

　放火には，居住者への嫌がらせや，火災保険金や，別の犯罪の証拠隠滅といった，何らかの目的のための手段としてなされる場合もあれば，放火そのものが目的である場合もある。後者の場合，犯人は連続して犯行をしているケースがある。捜査官が，ある事件の犯人について，時期や場所が近い未解決の放火事件についても，事件への関与を追及することが少なくない。

　また，放火は，現場が燃えてしまっているため，証拠が残りにくい。しかも，目撃者がいることも少ない。そのため，他の犯罪類型に比して自白が重要視されてきた。しかし，自白に偏よった裁判は取り返しのつかない結果を生じさせることがある。

　なお，第1の事件には，私は途中から関与した。もともと国選弁護人1人が担当していたが，裁判所が複数の国選弁護人の選任を許可したため，私が2人目の弁護人となった。

　第2の事件は，私の上司が，旧来の知人であるボランティア活動家から頼まれて引き受けた。

事件と裁判

(1) 第1の事件──放火か，事故か
 ⅰ）長い1日

　5月某日午前5時ころ，大阪市にある2階建ての木造アパートが火災で全焼した。アパートの住人10名のうち，逃げ遅れた2名が死亡した。

　足立進（仮名）は，アパートの1階に住む31歳の男性である。母子家庭に育ったが，母の再婚相手と折り合いがよくなかった。中学校を卒業後，飲食業のアルバイトなどをしながら，このアパートで1人暮らしをしていた。

　鎮火してから，足立の部屋が出火元であることが判明した。足立はその日の午前7時半頃，警察署への同行を求められた。刑事から話を聞かれた足立は，数ヶ月前に自室の電気コンセントから煙が出る事故があったことや，ホットプレートの電源を入れたまま眠ったかもしれないことなど，思いあたることを説明した。

　刑事の目に足立は怪しく映った。彼はおどおどしているように見えた。刑事は足立が犯人に違いないと思い込んだ。そして「お前がやったんだろう」「本当のことを言え」と怒鳴り，彼の体をゆすって追及した。最初は違うと言っていた彼も，ついに泣きながら「火をつけました」と言ってしまった。自白調書が作成され，逮捕された。火事が起こったのも，彼が警察に連れて行かれたのも，自白をしたのも，逮捕されたのも，すべて同じ1日のうちの出来事であった。

ⅱ）証拠とならなかった「自白」

　足立は，事件から約3週間後，起訴された。その後，国選弁護人が選任された。その弁護人が大阪拘置所で彼に面会した。「自分が火をつけたのではない。刑事から頭をつかまれて怒鳴られたりして，自分がやったと言ってしまった」と打ち明けた。そして，取調べの状況を詳しく説明した。

　弁護人は公判で，足立は無実であり，自白調書には任意性がない，つまり，彼が自由な意思に基づいて真実を供述したものではないと主張した。

　足立の自白調書の内容は，次のようなものであった。「仕事でストレスがた

まり，うっぷんを晴らすため，部屋でライターの火をつけて見ていた。もっと大きな炎が見たくなり，部屋に敷いていた布団に3箇所，ライターで火をつけた。息苦しくなって外に出たが，気を失って倒れてしまった。2階の住人に起こされて逃げた」。

捜査段階で虚偽の自白をしてしまった被告人が，裁判で「やっていない」と主張することは，少なくない。だが，被告人がいくら「やっていない」と主張しても，いったん罪を認めたことを理由に，有罪になってしまうこともある。自白調書は，それほど重要視されてきた。しかし，法は，自白が任意にされたのでなければ自白調書を裁判の証拠とすることができないと定めている。

本件で検察官は，最初に足立の自白調書を作成したI刑事を，証人として請求した。I刑事は，大きな声をあげたり，彼の体をつかんだりしたことは認めた。スキンシップをはかるためにやったのであり，取調べは適正だった，と主張した。裁判官は，このようなI刑事の取調べは違法であり，自白調書を証拠としない，と決定した。

裁判所は，自白調書の内容そのものにも疑問を呈した。放火犯人が逃げ遅れそうになるとはあまりにも不自然であるし，足立には動機らしい動機はない。また，自白調書で火をつけたとされる布団と，出火場所と思われる場所は一致していなかった。このような観点からも，裁判所は，足立の自白調書は任意に作成されたものではない，と考えたようである。

iii）幻の無罪証拠

足立の部屋から出火したことは間違いない。本件は，彼の放火による火災か，何らかの原因で出火した事故かが，争いとなった。実は，現場には，電気火災を疑わせる痕跡があった。

まず，室内の2ケ所からショート痕らしきものが確認された。ショート痕とは，電気配線がショートした場合にコードの切断面にできる痕跡のことである。これは，本件が放火ではなく，電気火災であることを示す決定的な証拠となりうる。ショート痕は，部屋の最も焼損の激しい場所にある延長コードに1ケ所，その近くの室内配線から1ケ所見つかっていた。このショート痕を顕微鏡で見ると，電気配線そのものから出火したものか，先に火災が起きてその熱によりショートしたのか，判別できる場合がある。電気配線から出火したとい

うことであれば，放火でない，ということになる。

　また，足立が使っていたホットプレートが，発熱体とプレート部分が分離された状態で発見された。足立は，ホットプレートの電源を入れたまま眠ってしまった，と説明していた。スーパーのレシートや同僚の証言によって，被告人が本件前日近くのスーパーで焼肉用の肉を購入していたこと，本件当日同僚と飲酒した際「家に帰ってから焼肉を食べる」と言っていたことが明らかになっていた。被告人が酔って寝てしまった間に，何らかの原因でホットプレートから出火した可能性もある。

　弁護人は検察官に，①ホットプレート，②ショート痕のある延長コード，③ショート痕のある室内配線，④電気ブレーカーについての捜査結果等の証拠を出すよう求めた。ところが，検察官は，いずれも「廃棄して存在しない」と回答した。

　弁護人は，足立が使っていたのと同じ型のホットプレートを入手して，いくつかの実験をした。プレートにタオルや衣類等を放置すると炎が出て，ホットプレートからの出火が十分にありうることがわかった。また，電気火災による出火について，電気保安協会や消防署から情報を収集し，文献を検討した。

ⅳ）嘘をつく証人

　物証はすべて廃棄されていたため，本件は主に証人喚問により立証されることとなった。消防署員2名，科捜研の技官1名，本件より以前コンセントの出火事故を目撃した足立の友人が，証人になった。

　最も重要と考えられた証人は，2名の消防署員である。

　消防署が作成した火災調査報告書には，出火の原因を「放火の疑い」とする一方で，「電気配線から出火した可能性は否定できない」とも記載されていた。被告人が放火した証拠がない以上，電気配線からの出火の可能性があれば，本件は無罪となる。弁護人が文献や火災調査報告書を検討したところ，電気配線からの出火の可能性は否定し得ないはずであった。

　ところが，予想に反し，消防署員は2人とも「電気火災の可能性はない」と証言した。火災調査報告書の記載については，十分な情報を把握しないまま作成した個人の見解であって消防署の見解ではない，と主張した。そして，1枚の写真を示し，その写真から電気火災ではないことがわかる，と証言した。そ

の写真には，天井付近から垂れ下がった2本の太い電線が写っていた。消防署員は，「2本の電線のうち左側はＦケーブルと呼ばれる屋内配線である。右側はＦケーブルではない電線である。Ｆケーブルにショート痕があった」と証言した。消防署員によると「Ｆケーブルにショート痕があれば電気火災が否定される」ということであった。

　弁護人は，左側の電線は，Ｆケーブルではないのではないか，と尋ねた。消防署員は「左側の電線がＦケーブルであることは間違いない。電線の側にある柱の中を貫通して下がっているのを目で見て確認した」と答えた。また，弁護人は，右側の電線がＦケーブルではないか，と問うた。これに対しては「写真を拡大してみたらＦケーブルでないことがはっきりわかった」と証言した。

　ところが，別の1枚の写真が，いとも簡単に消防署員の証言を覆した。その写真にも，問題の2つの電線が写っていた。この2本は天井付近でつながっており，1本の電線であった。消防署員は明らかに事実と異なる証言をしていたのである。

ⅵ）「主文，被告人は無罪」

　判決では，中立公平であるべき消防署員の不誠実な証言態度が激しく非難された。また，電気火災の可能性の判断材料となる電気コード，ホットプレート等がいずれも廃棄されたことについて「自白に頼り物証を軽視した悪しき捜査の典型というべきものであって，これにより弁護人の反証に著しい困難を来す結果になったことは否めず，この点を事実認定判断において被告人の不利益に帰せしめることには大きな問題がある」と指摘した。

　なぜ，消防署員は虚偽の証言をしたのか。彼らは早い段階で，足立が自白をしたことを聞いていたからであろう。

　いったん自白をしてしまうと，多くの人が「やってもいないのに，罪を認めるはずがない」と考える。そして，捜査機関は，事件に「科学」の装いを凝らして裁判所に登場させる。足立の事件では，たった1枚の写真がその装いを剝がした。しかし，他の事件でも常に「写真」が見つかるとは限らない。どうやって証人の「ウソ」を見抜くのか。

　それでも，現場にはさまざまな痕跡がある。弁護人が，十分な科学的知識を習得して，ありとあらゆる証拠に目を凝らして，事件の「合理的な疑い」を発

見する。それを，わかりやすく裁判員に伝える。裁判員には曇りのない目で，私たちが発見した「合理的な疑い」を見てほしい。

(2) 第2の事件─放火したのは誰か
ⅰ) なぜ放火したのか

　大阪市内のアミューズメント施設でボヤ騒ぎがあった。施設内の案内板や，電話帳などに火がつけられていた。119番通報があり，消防，警察が現場に臨場した。警察官は現場付近にいた石上三郎（仮名）を発見し，職務質問した。石上は自分が火をつけたことを認めた。

　石上はなぜ放火したのか。彼には，放火に関係する前科があった。火災が起こっていないのに119番通報をして罰金刑を受けたことが2度あった。ガレージに置いていたダンボール箱に火をつけ懲役刑を受けたこともあった。火を見ることや，消防車が来て野次馬が騒ぐのを見ることで，快感を覚えるのである。

　石上は，40代の独身の男性だった。中学校しか出ておらず，字の読み書きも十分にはできなかった。家族とは長い間音信不通だった。西成で日雇い労働をしていたが結核にかかり，働けなくなってしまった。ボランティア活動等をしているA氏と知り合い，A氏のすすめでボランティア団体に参加することになった。この団体の入居するビルに寝泊りして，日雇い労働者に対する炊き出しボランティアをしながら，知人の店の手伝いをするなどして，わずかばかりの収入を得ていた。病気をしたせいか，50キロに満たないほどに痩せていた。A氏の話によると，石上は大人しく，他人とトラブルを起こしたこともなかった。彼の唯一の楽しみは，知人とときどき酒を飲むことであった。

　いつものように酒を飲んでいた石上だが，一緒に飲んでいた知人から難癖をつけられた。しかし，気の弱い彼は言い返すこともできなかった。むしゃくしゃした気持ちのまま，家に帰る途中，ふと，火をつけて騒ぎになったら，気分が晴れるだろうと考えてしまったのである。

　放火をする理由について，石上は，家や建物を燃やしたいということではなかった，その後，人が集まってきて騒いだり消防車が現場に来るのを見るとわくわくして楽しかった，と説明した。実際に，彼が放火したものを見ると，トイレットペーパーだったり，電話帳だったり，少し火が出て消えるようなたぐいのものがほとんどであった。火をつけた対象は燃えてしまうが，他に延焼し

たことはなかった。彼には，火災を起こしたいという考えはなかった。

ⅱ）複数の余罪

警察官は，石上に余罪があると見て，他にも放火をしているのではないかと追及した。彼は，取調べには終始，素直に応じていた。逮捕された件以外にも，ガレージに貼ってあるポスター，公衆トイレのトイレットペーパー，自転車，リヤカー等に火をつけたことなどを話した。警察官は，浪速区やその近辺で起こった未解決の放火事件のリストを作った。それを石上に見せて，思いあたるものはないかを聞いた。石上が選んだいくつかの事件について，彼に放火のあった現場を案内させた。そして，その場所に放火をしたという彼の供述調書を作成していった。このようにして，石上は，現行犯逮捕した4件の放火や器物損壊でも起訴された。ところが，彼によく聞いてみると，そのうちのリヤカーは自分が火をつけたのではない，というのである。

石上は，リヤカーに火をつけた現場だけは，うまく案内することができなかった。警察官の誘導により現場にたどり着いたものの，その現場には見覚えがなかった。彼は，警察官に自分がやったところではない，と言った。警察官は，昼と夜だと雰囲気が違うので勘違いしているのだろうと言って，取り合わなかった。石上は何度か見覚えがないと言ったものの，警察官がまったく取り合わなかった。石上は，他にも放火をしたことは事実だし1件増えても同じようなものだろう，と思って，結局は認めてしまっていたのだった。

ⅲ）証人尋問

石上は，リヤカーの件は身に覚えがないと主張していた。そこで，リヤカーに火をつけたのは彼であるかどうかが争いになった。かりに石上が火をつけたとしても，放火により「公共の危険」を生じさせたかどうか，争いになった。建物に延焼するおそれのある危険な状態になったのであれば放火罪が成立する。しかし，延焼のおそれがない場合は，器物損壊罪にとどまるからである。また，石上の責任の重さ，すなわち量刑が問題になった。

まず，石上をリヤカー火災の現場に連れて行った警察官の証人尋問があった。この警察官は，石上の取調べも担当していた。警察官がもともとリヤカー火災の犯人は石上であると思い込んで捜査にのぞんでいた。そのため石上の言い分を十分に聞かなかったとの視点から尋問を行った。

消火活動に従事した住民の尋問も行われた。尋問の前に，実況見分調書や現場の写真を精査した。証人は，炎が大きくて，建物に燃え移ると思った，と証言した。しかし，リヤカーと建物との間には一定の距離があった。リヤカー側に面した建物はコンクリートやタイルでできていた。また，証人の証言した位置関係では，証言どおりに火災を目撃できなかった。証人が証言した炎の高さよりも，建物の壁に残っていたすすは低かった。このような客観的な事実によって，証言を弾劾した。

　石上に対しては，実際に記憶にある放火現場はどのようなものであったか，なぜ身に覚えのない件についても認める供述調書に署名してしまったのかを具体的に聞いた。認めている件については，なぜそのような行為をしてしまったのかをじっくりと聞いた。

　情状証人として，Ａ氏も裁判所で証言をした。石上の普段の暮らしぶり，一緒にボランティア活動をしてきたこと，石上が大人しく，争いごとの嫌いな人であること，石上が帰ってきたら，またボランティアの仲間として迎え入れたいとの気持ちを語ってもらった。

ⅳ）判　　決

　判決では，石上がリヤカーに放火した，放火による延焼の危険があった，と認定された。８年の求刑に対し，５年６月の実刑判決が言渡された。弁護人の主張は受け入れられなかった。

裁判員裁判では…

(1) 自白をめぐる争い

　足立の事件では，火災の原因をめぐって，自白が問題となった。火災の原因が争いになる事件では，客観的・科学的な証拠が最も重要である。ところが，放火の捜査はその重要なことがおざなりにされることが少なくない。たしかに，点火行為そのものの目撃者がいることは稀だし，現場が焼損していることが多い。しかし，だからこそ，客観的な証拠の収集保存と考察が出火原因の究明にとっていっそう重要なのに，十分な究明をしないまま，犯人捜しと自白追及に向かってしまうことがある。居住者や，保険により利益を得た者がいれ

ば，疑いの目を向けられてきた。怪しいと思われる人にまず任意同行を求めて，取調べに長けた刑事が追及する。被疑者が自白すれば，その自白をもとに逮捕状を請求する。被疑者に放火の態様について供述が取調官と被疑者で合作され，その供述に沿って科捜研で火災の再現実験が行われる。「被疑者の供述どおり布団に火をつけたら家屋が全焼しました」といった実況見分調書が，被疑者の自白を裏づける証拠として扱われてきた。

足立の事件では，科学的究明をさしおいて，警察官の予断による自白追及がなされた。

石上は，警察官による誘導のままに，記憶とは異なる事実を認めてしまった。裁判員の前では，職業裁判官に対する以上に，自白追及がどのようにされるかをリアルにわかりやすく再現する必要がある。取調べが狭い密室のなかで行われることをまず理解してもらうことが必要である。

3畳1間の狭い空間がどれほど息苦しいか。被疑者が座らされるのはどれだけ座り心地の悪い椅子か。その狭い1室での取調べる者と取調べられる者との関係は絶対的な支配と被支配の場である。供述調書はそのような場で圧倒的な力と地位を持つ取調官が作成する。取調官が作成する文書でありながら，あたかも取調べられる者が「私は…」と語ったように1人称独白スタイルの文章が作られている。そして，その取調べと添付資料作成の状況は，弁護士会の長年の要求にもかかわらず可視化されていない。つまり，取調状況が録画録音されていないのだ。

このような取調べの実情を伝えることができて，はじめて足立や石上がなぜ虚偽の自白をしたかが理解される。日常生活において警察官や検察官による取調べ等とはおよそ縁遠い市民にリアルに伝えるためには，具体的な事実の積み重ねが必要である。事実を積み重ねる立証を尽くしてはじめて，裁判員に自白の成り立ちを明かにすることができる。

弁護人がそのような努力をすれば，裁判員は自白の任意性について職業裁判官より検察官に対して厳しい目を向けるのではないかと期待している。

(2) 科学的捜査をめぐる争い

放火事件，とくに火災原因が争いになるような事件では，科学的・専門的な問題が重要である。足立の事件でも問題となったのは客観的な証拠の科学的な

評価である。

　放火事件では火災現場は燃えてしまっていることが少なくない。それでも，現場にはさまざまな痕跡がある。実況見分調書等に添付された写真のほか，されていない写真もあれば証拠開示を受ける必要がある。すべての証拠を穴の開くほど見ると，重要な痕跡を見い出すことがある。これらをもとに専門家の助言をえて真相に迫ることが必要である。また実験することも大切である。

　一方，警察や検察は科学的な捜査資料の収集と解析については弁護人に比べて圧倒的に優位に立っている。なぜなら，全国の警察署は付属の科学捜査研究所を持っているからである。それらの研究所は捜査や裁判のために警察や検察に協力している。そのため，本来科学的であるべき科捜研の作成する証拠や，科捜研の技官である証人が実際には一方的な内容となることがある。それらは，被告人にとって恐るべき証拠・証人となって登場する。

　しかし，どのような科学的証拠であれ，通常刑事裁判で扱われるのはアインシュタインの相対性理論のようなものではない。専門家が正しく解説してくれれば素人でも理解できる。問題は，それから先である。かりに，私たちが専門家から教えをうけ科学的知識を理解したとしても，その理解が完全でないと，それをさらに裁判員に伝えることはできない。だが，私たちがよく理解していれば，裁判員に対して科学的知識に基づいたプレゼンテーションすることが可能なはずである。そして，そのプレゼンテーションがよければ，専門的知識などなくても裁判員が理解できるはずである。

(3)　量刑をめぐる争い

　争いのない事件はない。たとえ事実を認めていたとしても，事件をどう見るべきかは常に争いがある。石上の事件では，放火によりどの程度延焼の危険があったのか，石上がなぜ放火を繰り返してしまった，が問題になった。これらの点をどう見るか。認めている事件でも，石上のために見落としてはならない事実がある。それを提供するのが弁護人の役割である。それを適正に評価するのが，裁判員の役割である。

（弁護士　陳　愛）

Comment

1 自白は，無理やり言わされたものであるかどうか──自白の任意性

　足立進（仮名）の事件では，捜査段階での被告人の自白は無理矢理自白させられたもの（任意性のないもの）として，自白調書についての検察官の取調べ請求は裁判所により却下された。

　捜査段階での自白がどのようになされたかについては，それが取調官と被疑者だけしかいない密室での出来事だけに，言い分が食い違った場合，裁判官はその判断に大変苦しむ。この点をめぐって，ベテランの2人の元刑事裁判官の間で論争があった（木谷明「『合理的疑い』の範囲などをめぐって」判例タイムズ1151号［2004年］18〜25頁）。木谷明元裁判官が，「（捜査官側と被告人側の言い分が）水掛け論となった場合は捜査官側の負けと割り切る」ことを提唱したのに対し，石井一正元裁判官は，「任意性を巡る実務の複雑な実相に照らして，その割り切りのよさに躊躇を覚える向きも少なくなかろう」と指摘した。「捜査官側が容易にできる立証（たとえば自白の過程を録画録音するなど）すら尽くしていない」という理由が木谷元裁判官の論拠である。「取調過程の録画録音」に関しては，これを取調べの全過程で行うかそれとも最後の自白過程に止めるかをめぐって，弁護士会側と警察・検察庁側で未だに対立がある。

　足立の事件では，裁判所は，被告人質問と警察官の証人尋問の結果弁護人側の主張を認め，警察官が足立に自白を強制したと認定して自白調書の任意性が否定された。足立は，火災当日の朝に任意同行され，その日の午後に自白している。2人が死亡している重大な事件について，やってもいない者がそんなに早く自白するはずがないという「一般常識」が通じない一例であろう（後記の宇和島支部の事件も任意同行の6時間後に虚偽の自白をさせられた例である）。

　なお，自白に任意性があるかどうかの判断は裁判官のみが行い，裁判員はその判断には関与しない。しかし，足立の事件のように自白調書が却下された場合は別として，それが採用された場合には，その自白が信用できるものであるかどうかについて裁判員も判断に加わるのであるから，取調過程については，何らかのかたちで裁判員にも明らかにされる必要が生じるであろう。

2　自白が信用できるものであるか否か──**自白の信用性**

　石上三郎（仮名）の事件では，自白の信用性が争われた。足立の事件のように「無理矢理」ではなかったが，「見覚えがない」という石上の言い分を警察官がまったく取り合ってくれず，他にも放火したことは事実だし1件増えても同じようなものだろうと思ってウソの自白をしたというのが弁護人側の主張である。

　自白が信用できるものであるかどうかについては，これまで多くの裁判例があり，またその判断の際にどのような点を注意すべきかについて，多くの研究成果が発表されている（木谷明編『刑事事実認定の基本問題』［成文堂，2008年］所収の石塚章夫「自白の信用性」171頁掲記の文献など）。これらの研究成果は，自白がなされるまでの経過のほか，①秘密の暴露（被告人しか知らないことを話す）の有無，②自白と客観的証拠との合致・齟齬，③自白内容が一貫しあるいは迫真性に富むものかどうか，などを判断の基準にすることを提言している。しかし，①については，捜査官が知っていた事柄が被告人しか知らないものとされることがある。また②については，証拠物自体に作為が加えられることがあり得る（木谷編・前掲書17頁，また，松山地裁宇和島支判2000［平成12］年5月26日判時1731号153頁の事件では，虚偽の自白に対応するような現金10万円が偶然に被告人の車から発見された）。さらに③については，自白調書を作成する取調官の「表現力」と自白自体の迫真性との区別がつけにくい。このような事情のため，自白の信用性の判断にあたっては，以上のような判断基準のほかに，取調官の圧倒的な支配下に置かれた被疑者の心理状態の理解が不可欠である（浜田寿美男『自白の心理学』［岩波新書，2001年］）。自白の信用性が争われる場合，弁護人が法廷での被告人質問で取調べの状況を詳しく尋問し，なぜウソの自白をしたのかを明らかにしようとする。経験のない者には理解しにくいことがらであるが，裁判員は，職業裁判官とは異なる視点から見ることができるはずである。自白過程の録音録画の実現が一番望ましいことであるが，それが実現されるまでの間は，裁判員を含めた裁判所の虚心な判断に期待するほかない。

3　自白を除いた証拠で有罪の立証ができている否か──**情況証拠による認定**

　足立の事件では，前記のように，被告人の自白調書が証拠とならなかったため，自白を除く客観的な証拠（一般に「情況証拠」といわれる）によって被告人による放火の事実が立証できるかどうかが争われた。このような場合，出火の原因が放火以外にはあり得ず，かつ放火であれば被告人以外に犯人はあり得ないというかたちでの消去法的な立証が行われることが多い。この事件では，①延長コードの短絡，②

ホットプレートの電気的トラブル等，③コンセントにおける電気的トラブル，以上の３つの電気火災の可能性が消去できるか否かが争点となった。そして，有罪を立証する責任は検察官にあるから，この３つの可能性が消去されることが「合理的な疑い」をさしはさむ余地のないまでに立証されなければならないわけである。

弁護人側は，この点の反証（検察官側の立証には合理的疑いがさしはさめるとの証明）に尽力した。検察官提出の証拠の精査ばかりでなく，ホットプレートを利用した発火実験や消防関係の文献検討など詳細をきわめた。その結果，証人である消防署員が別々の電線であると証言したものが実は１本の電線であることが明らかにされるなど，消去法の結果に疑いが残ることが明白となり，無罪判決に結びついた。

当然のことながら，捜査当初の証拠収集は捜査官側のみによって行われる。逮捕後あるいは起訴後から着手される弁護側の反証は出発点からハンディを負っている。弁護人は，検察官が握っている証拠を見せるように求めることができるが，検察官がどのような証拠を収集しているかをすべて知ることはできない。検察官の手元にどのような証拠があるのかを知るためにも独自の調査が不可欠である。また，検察官側の証人の証言が信用できないことを裁判所側にわからせるためには，単に法廷で反対尋問の技術を駆使するだけでは不十分であって，事前に証言に関わる客観的証拠を精査しておく必要がある。「実は一本の電線であった」という事実を突きつけることによって，消防署員証人の証言全体の信用性が揺らいだわけである。そのような意味でも，足立の事件における弁護人の弁護活動は模範とすべきものである。

4　その他の弁護活動

(1)　石上の事件の場合，自白の信用性とともに，かりに石上がリヤカーに放火したとして，放火によって「公共の危険」を生じさせたか否かが争いとなった。裁判員裁判においても，このような法律問題の判断をしなければならないことがある。もちろん，法廷でも評議の場でも問題点のわかりやすい説明があるはずである。そして最終的には，客観的な事実が認定できるかどうかで結論が決まることになるので，とくに法律的知識の有無が問われることはない。

(2)　刑事裁判の弁護活動でもう１つ重要なことは，被告人の刑を決める（量刑）ために，被告人側に有利な証拠を提出することである。石上の事件で弁護人は，石上の生い立ちや，石上がなぜ連続して放火をしまったのかを立証した。刑の決定は，検察官と弁護人双方の主張・立証を十分に聞いたうえでなされなければならない。

（元裁判官　石塚　章夫）

❖ Topic 1　供述証拠

　市民から選出された裁判員が，被告人の供述や目撃者の証言など，さまざまな供述証拠を評価する際，どのような困難や問題が生じるのだろうか。また，それに対して弁護人はどのように対応すればよいのか。供述信用性評価技法について心理学の立場から研究してきた経験を踏まえて考えてみたい。

1　供述証拠評価における文脈の重要性
　裁判員裁判では審理に要する期間が従来の刑事裁判に比べて大幅に短くなり，また公判前整理手続きによって法廷に持ち込まれる証拠の量も相当に少なくなる。このため裁判員が検討しなければならない供述証拠の量も，従来の刑事裁判で裁判官が検討してきたものに比べて格段に少なくなるものと予想される。特に捜査段階で作成された膨大な供述調書を逐一分析するような作業が裁判員裁判で行われることはないだろう。

　このように裁判で取り扱う証拠の情報量が少なくなれば，裁判員の思考や判断に対する負荷は必然的に軽いものとなる。裁判員に一定以上の量や複雑さを持った情報を理解し，検討するように求めると，自主的な理解や検討を回避し，専門家である裁判官の意見を鵜呑みにする傾向（裁判官による「正当性勢力」の影響）が強まるという心理学的実験の結果も報告されていることから（杉森伸吉・門池宏之・大村彰道「裁判員に与える情報が複雑なほど裁判官への同調が強まるか？：裁判員への認知的負荷が裁判官から受ける正当性勢力に及ぼす効果」法と心理4巻1号［2005年］60～70頁），こうした情報負荷の軽減は，裁判員制度においては基本的には好ましく，また必要なものと考えられる。

　しかし供述証拠の特性を考えると，こうした情報負荷の軽減には危険な側面もあることを理解しておく必要がある。供述証拠は，人が言語を用いて体験や考えを説明したものである。そうした言語的説明を適切に理解するためには「文脈」が非常に重要な役割を果たす。文脈とは，語り手がおかれている状況や，語り手がそれまでに語ってきたことなど，今語られている言葉の意味を確定するために視野にいれなければならない一連の事柄を指す。たとえば，「あついね」という言葉は，熱心に議論をしている人を見ているときと，暖房の効きすぎた部屋にいるときでは，まったく違った意味になる。また「本当です」という言葉は，それ以前に言うことを二転三転させてきた人から発せられる場合と，そういうことがなかった人から発せられる場合では，違ったかたちで理

解されることになるだろう。

　供述証拠も言葉として語られたものである以上，その適切な理解には，文脈に関する十分な情報が不可欠となる。裁判員の負荷を軽減するため，供述証拠の情報量を減らす際に，必要な文脈情報まで削ってしまうことは本末転倒と言わざるを得ない。たとえば，取調べの部分的可視化では，被疑者による自白の最終段階だけをビデオ録画して裁判員に示すことなどが可能となるが，自白がどのような状況や経緯で得られたのかという文脈情報が提示されなければ，裁判員が適切にそれを評価することは困難であると考えられる。この場合，裁判員はビデオというそれ自体は生々しく情報量の多い媒体によって与えられた文脈情報（被疑者が自分で罪を認めているという情報）のみによって被疑者の自白を理解，評価することになり，その自白の信用性を過大評価する傾向が強くなるものと予想される。これは被告人が捜査段階での自白を撤回している事件などでは重大な問題となるだろう。

　このように裁判員裁判において供述証拠を評価する場合，情報過多による裁判員の裁判官への依存を回避しつつ，供述の適切な評価に必要な文脈情報（たとえば供述調書の記載内容など）はきちんと裁判員に把握してもらうという微妙なバランスを実現する必要がある。上述のとおり膨大な供述調書などを証拠とすることは現実的ではなく，また望ましいことでもない。求められるのは文脈情報を精選し，それらを的確に整理，要約することになる。公判前整理手続き，尋問，弁論を通して，こうした情報を法廷に持ち込み，裁判員に効果的に提示する弁護人の力量が求められることになる。

2　供述証拠評価におけるバイアスの問題

　裁判員が供述証拠を適切に評価するために必要な情報が法廷に用意されたとしても，さらに配慮すべき問題がある。その1つが供述証拠評価におけるバイアスの問題である。バイアスとは人が情報を理解するときに，特定の情報や可能性にだけ注目し，ほかの情報や可能性を無視してしまうことを指す。供述証拠の評価に影響を与えうる主要なバイアスの1つとして，たとえば「個人の属性に基づく判断」が考えられる。これは供述証拠を評価する際に，語られている内容よりも，どのような人が語っているのかに注目してしまうことを指す。たとえば悲惨な経験をした被害者やその家族の証言が信用されやすくなることや，知的障がい者の証言が「そうした人は嘘をつかない」といった先入観に基づいて無条件に信用される，あるいは「そうした人は能力に問題があるから」といった先入観に基づいて理由なく信用されなかったりすること，などがこれ

にあたる。

　こうしたバイアスは人間の思考の弱点でもあるが，考慮の必要のない情報を無視することで日常の思考や行動を円滑に運ぶという重要な効果もある。たとえばわれわれは一度ある仮説を信じると，それを支持する証拠に注意が向きやすくなる一方，それを否定する証拠は無視してしまう傾向（確証バイアス）がある。これは裁判や科学研究のように厳密に証拠を検討する際には問題となるが，日常生活では一度信じたことが少しの証拠で簡単に揺らいでしまうこと（たとえば今日は晴れると思って外出したにもかかわらず，少しの雲を見て，やはり雨が降ると思い傘を取りに家に戻ってしまうことなど）は逆に混乱を招くだろう。

　このように人間が持つバイアスは単なる思考の偏りではなく，日常生活において積極的な機能を持っているため，その影響を一時的に停止させることはそれほど簡単ではない。法律家や科学者が多くの時間をかけて専門的な思考法を身につけなければならない理由の1つがここにある。では，専門的な訓練を受けていない裁判員が供述証拠を評価する際に，こうしたバイアスによる思考の偏りを軽減するにはどうしたらよいだろうか。バイアスの強固さを考慮すれば一般的な説示のみでは不十分であると予想される。法廷における供述証拠の取り上げ方や，評議における議論のポイントの適切な提示など，より具体的なレベルでの配慮や対応が必要になるものと考えられる。

3　供述証拠評価に必要な知識の提示

　裁判員による供述証拠評価において，もう1つ考慮すべき点は，供述証拠評価に必要な知識の問題である。たとえば近年の心理学的研究が繰り返し明らかにしているように人間の記憶はさまざまな要因の影響を受けて容易に変容し，または欠落してしまう（高木光太郎『証言の心理学―記憶を信じる，記憶を疑う』[中公新書，2006年]参照）。たとえば犯人に凶器を突きつけられている場合，凶器に注意が向いてしまうため，犯人の服装や顔はあまり鮮明に記憶に残らないことが知られている（凶器注目効果）。しかし一般的な見方では，自分のごく近くにいて，しかもそこから注意をそらすことができない相手の服装や顔をよく覚えていないということは考えにくいだろう。こうしたところに供述証拠の評価に必要な知識と，一般的な常識の乖離が見られるのである。こうした専門的な知識を裁判員の多くが持っていると期待することはできない。この点でも公判前整理の段階で必要な知識を提供してくれる専門家証人を準備する，弁論にわかりやすい解説を組み込むといった弁護人の具体的な対応が必要になるものと考えられる。

以上見てきたように裁判員が供述証拠を適切に検討するためには，法律家による様々な配慮や準備が必要になると思われる。真に「わかりやすい裁判」の実現に向けた，こうした具体的取り組みが望まれる。

　　　　　　　（青山学院大学社会情報学部教授　髙木 光太郎）

論点から考える

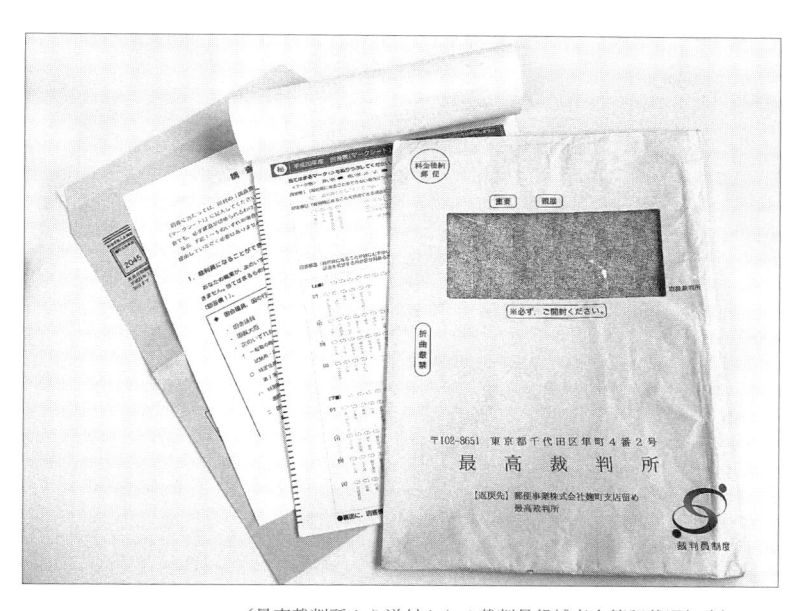

(最高裁判所より送付される裁判員候補者名簿記載通知書)

Case 1 ～ 3 では，事件数の多いものから必ずしも「凶悪」とはいえない事件についてみてきました。事件背景には複雑な事情があり，凶悪で猟奇的な事件ばかりではないという事実を垣間見られたのではないでしょうか。さて，ここまでは「事件」に焦点をあてて考えてきましたが，ここからは裁判員になるあなたが直面するかもしれない 5 つの問題をとりあげます。

　1 つ目は，「あなたは死刑判決を下せますか？」など注目度の高い死刑事件についてです。1 人の人間の命にかかわる問題であるということの重大性を考えてみましょう。

　2 つ目は，罪の重さを決め，どの程度の刑を下すかということを決める量刑問題についてです。「刑務所に入る」ということがどのような意味を持つのかということを含めて考えなければならないでしょう。

　3 つ目は，しばしば「精神障がい者は罪を犯しても無罪になる？」という議論がなされる責任能力の問題についてです。病気の人に必要なことは何かということを考えてみましょう。

　4 つ目は，障がい者による事件についてです。障がいを持つことによる生きづらさが実際には犯罪とどのようにかかわっているのでしょうか。また，裁判を受けるうえでどのような困難があるのかについて目を向けてみましょう。

　5 つ目は，少年逆送事件についてです。少年期には誰しも未熟さや不安定さを有しています。そのような少年が，公開の法廷で成人と同じ裁判を受けるということに問題はないのでしょうか。少年と成人との違いをいかに捉えるべきかを考えてみましょう。

　以上のように，ここからは，死刑，量刑，責任能力，障がい者による事件，少年逆送事件という刑事裁判における大きな「論点」をとりあげ，それぞれにどのような問題があるかについて 5 つの Case をとおして紹介します。

4

死 刑 事 件

✥ 地下鉄サリン事件後の様子

（写真提供：共同通信社）

Case 　　神 山 啓 史
Comment 　石 塚 伸 一

神山　啓史　―KAMIYAMA Hiroshi―

1955年　京都府 生
中央大学法学部卒業
現在，弁護士（第二東京弁護士会）

裁判員になるあなたへ

　人は誤ちを犯します。しかし，人は変わります。その人が後悔し反省して更生するのであれば，もう一度仲間として社会に受け入れる文化を私たちは持っています。たしかに，更生するか，しないかは，将来のことでありわかりません。しかし，更生する可能性があればそれを信じて待つ。「死刑」が問題となるとき，そのように信じることことが絶対にできないのかどうかを考えてください。私たちは，人が変わる「ドラマ」を知っているはずです。

石塚　伸一　―ISHIZUKA Shinichi―

1954年　東京都 生
中央大学大学院博士後期課程退学．博士（法学／九州大学）
現在，龍谷大学大学院法務研究科教授

裁判員になるあなたへ

　裁判員制度は，裁判を職業裁判官に任せておけない，という司法への不信からはじまった制度です。市民のみなさんは，にわか仕込みの法律家になどならず，市民の目から法律家たちが手を抜けないように監視してください。

Case 4

生命（いのち）の重み

どのような事件か

　1995年3月20日地下鉄サリン事件が発生した。5月にオウム真理教教祖が逮捕され，相前後して多くのオウム真理教信者が逮捕された。そして，坂本弁護士事件をはじめとするオウム真理教信者による多くの事件が暴かれた。
　私の事件は，諜報省長官であった25歳の教団幹部の事件である。被告人は，①地下鉄サリン事件，②元信者殺害事件，③宗教学者宅爆発物自作自演事件，④教団総本部火炎びん自作自演事件，⑤公証人役場事務長拉致事件，⑥都庁爆弾事件，⑦新宿青酸ガス事件，⑧大阪VX事件，⑨中野VX事件，⑩青山VX事件で再逮捕を繰り返されて起訴された。1996年3月21日に第1回公判が開かれ，2000年6月6日検察官の死刑求刑を排して無期懲役とする1審判決が下された。検察官が控訴をし，2004年5月28日に1審判決を破棄して死刑とする判決が下された。現在は被告人上告中である。

なぜ弁護したのか

　教祖の逮捕と相前後して，オウム真理教教団から弁護士会に対して約20名の信者に対する当番弁護士の依頼がFAXで届いた。弁護士会として迅速に対応したが，教祖とナンバー2と称されていた被告人のみは担当する弁護士選びが難航した。結局「被告人はおまえが着くしかないだろ」ということになる。5月18日午後6時頃，「死刑求刑なんだろうな」と思いながら地下鉄に乗って警察署へ向かったことを今も鮮明に覚えている。
　しかし，「仕方なくやることになった」というのは本音ではないと思う。私

は，刑事弁護人になりたくて弁護士になった。「この時代，この場所にいて，やり手のいない困難な大事件を自分の手でやってみたい」という思いがあったことも間違いない。

なお，1審，2審は私を含む5名の国選弁護人で活動した。4名の仲間がいたからこそやり抜けたと思う。

どういう点が問題となったか

裁判の最大の焦点は，被告人を死刑にするのか，死刑を躊躇するのかということであった。

地下鉄サリン事件は，教祖の指示のもと東京都内の5つの路線の車内で猛毒のサリンを発散させるという重大事犯である。12名の方が亡くなられ，約4000名の被害者が出たとされる。そして，被告人が，この事件に関与したことに争いがない。被告人の関与した事件全部で見ると15名の方が亡くなられている。誰もが死刑しかないと思う事件である。

私が問題にした大きな点は2つある。

1つは，被告人は地下鉄サリン事件実行犯グループの「現場指揮者」ではないということである。被告人が，サリンの生成も，発散の実行もしていないことに争いはない。しかし，検察官は，被告人の役割を，実行犯グループをとりまとめる「現場指揮者」だと主張する。

このことは徹底的に争った。被告人は，上九一色村と東京とを行き来して教祖と実行犯グループの伝達方，実行犯のための車やアジトの手配という支援方であったにすぎない。誤った事実に基づく断罪があっては絶対にならないと思った。

もう1つは，被告人に死刑が正しいのかということである。被告人は犯行時25歳である。しかし，高校2年生，16歳のときにオウム真理教に入信し，高校卒業後出家して社会と断絶する。その未成熟な人間の責任として死刑が相当なのかを問わなければならないと思った。

実際の弁護活動

私自身この事件を通じて多くのことを学んだ。悩みながらの弁護活動だった。
(1) 悔いの残る供述をさせない
　捜査段階の弁護活動のテーマは単純だった。将来公判で，後悔するような供述調書を作らせてはならないということである。
　当初，被告人は黙秘していた。そのときは楽だった。被告人の強い意思を確認し，弁護人と連名で「一切の取調べを拒否する。何も言わない。何も書かない」という意思表示書を捜査機関に提出した。ところが，この行動が検察庁のみならずマスコミからも「捜査妨害だ」として非難された。しかし，この活動は今でも正しいと思っている。憲法により黙秘権が保障されている限り，たとえ被疑者となっても「供述するか，しないか」の自由は保障されている。当然，取調べを拒否することもできるはずである。
　悩みはこの後にあった。取調べが続くにつれて，被告人が「供述したい」と言ってきたのである。「このままだと自分が地下鉄サリン事件のリーダーにされてしまう。自分のやったことを正確にわかってもらいたい」という被告人の気持ちはよく理解できた。しかし，私は「今は，しゃべらない方がいい。しゃべりたいことがあるかもしれないけれど，それは自分の公判でその時期が来たら言えばいい」とアドバイスし続けた。
　なぜそんなことをしたのか。今考えると理由は2つある。1つは，この事件は間違いなく死刑が求刑される。将来公判になって冷静に物事を考えたとき，残された供述調書が足かせになったらたまらない。供述調書の一文が死刑か無期かを決めるかもしれないのである。ギリギリ被告人がしゃべるにしても，私の知らないところで供述が残るのは耐え難い。そこで検察官に対して「弁護人に立会わせてほしい，せめて取調状況をテープ録音してほしい」と要求したが，受け入れられない。そうであれば，しゃべらせられないではないか。
　もう1つは，被告人が正常な状態に決して戻っていないと思ったからだ。まだオウム真理教の教義や教祖の呪縛から解けてはいない。将来，素の被告人に戻ったとき，「何でこんなことを言っていたんだ」と後悔させたくない。中途

半端な精神状態での供述は必ず後悔する。そんな思いだった。

　しかし，被告人は私のアドバイスを振り切り供述をはじめた。私はずっと抵抗し続けた。「しゃべるなら物理的に止められないが，ただし客観的に間違いのないことだけにとどめてほしい。中途半端に自分の心境とか，主観的意図については今はしゃべらない方がいい」と言い続けた。公判になって，こう言い続けて本当によかったと思った。多数の被告人の供述調書が提出されたが，一通も証拠とすることを争ったり（任意性），内容がおかしいと争ったり（信用性）する必要がなかったからである。ふり返ってこう考える。捜査官は「供述させよう」とする。そこで弁護人も「供述していいよ」と言うとバランスがくずれてしまう。弁護人が「供述しない方がいい」言い続ければ，ちょうど被告人の心を捜査官と弁護人が引っ張り合う関係になりバランスがとれる。そのバランスこそが後悔しない供述をする要諦のように思う。

　なお，被告人の取調べを担当した警察官，検察官には何度も面会して，私の意図を伝えた。私の話もよく聞いてくれたし，被告人に対して決して無理な取調べはしないでくれたことを記しておきたい。

(2) 納得のいかない事実は争う

　被告人に対する公訴事実は10個。すべて被告人が関与したことは争いがない。しかし，火炎びん自作自演を除いて，他は何がしか争っている。地下鉄サリン事件および元信者殺害事件については，殺意は認めたが，幇助犯の主張をした。公証人役場事務長拉致事件については，逮捕監禁までは認めたが致死までの因果関係はないと主張した。VX事件については，殺意を否認し，かつ幇助犯を主張した。新宿青酸ガス事件及び都庁爆弾事件については殺意を否認した。そして，事件全体について，「被告人には教祖の命令を拒否する期待可能性がなかった」と主張した。

　このようは否認は，死刑求刑を考えてやったことではない。被告人から話を聞き，開示された証拠を検討し，調査をして，今でもこれらの主張は正しいと思っている。

　一方，こんな主張をすれば「何だ，被告人は何も反省していないじゃないか」という厳しい反発を受けることを心配する気持ちはずっとあった。しかし，世間に迎合し，裁判所に迎合することと，自分のやったことを悔い反省す

ることは，まったく違うことだと思っていたし，今もそう思っている。

　1審判決は，この公訴事実に対する主張が決して間違っていないことを示してくれた。公証人役場事務長拉致事件では，他の共犯者が争わずに逮捕監禁致死罪が認められたのに対し，被告人のみ致死は否定された。地下鉄サリン事件についても，共同正犯こそ否定されなかったけれども，「現場指揮者」を否定して，被告人の役割は「後方支援あるいは連絡調整役の役割」と認定された。事実を大事にして，争うべきは争うという弁護の基本に自信を与えてもらった。

(3) 原則は不同意にする

　供述調書は全部不同意。鑑定書類も全部不同意。実況見分調書類は，現場を見せてくれれば同意を検討すると言って，検察官にオウムの施設は案内してもらって確認して同意した。

　そこまで徹底した理由は2つある。1つは自分で確認していないものは同意できないという基本を守りたいという思い，「きっと間違いないのだろう」ということで済ませていいのかという思いがあった。もう1つは，死刑求刑が予想される事件で，簡単に同意はできないという思いである。「事実に争いがないのであれば，何で不同意にするのか。引き延ばしをするのはおかしいではないか。早く覚悟を決めさせるのも大事ではないか」という意見も耳にした。しかし，第1回公判までに被告人と200回以上接見をして，その間の被告人との関係のなかで，「さっさと終わらせる」という感覚には絶対になれなかった。

　ただし，不同意にして尋問をする際に，ご遺族や被害に遭われた方に，「何でこんなくだらないことを聞いているのか」とか「アンフェアな揚げ足取りをやっている」とは思われないように心を砕いた。刑事弁護人としてやるべきことをきちんとしているという姿勢を忘れなかったつもりだ。

　ご遺族の調書も「被告人には死刑を求める」という部分は不同意にした。これは議論のあるところだと思う。裁判官からも「法廷に呼んでも結局同じことを言われるのではないか」と言われた。しかし，たとえ被害感情がそうであっても，被告人に対して死刑を望んでいる書面を弁護人が「同意」というかたちで証拠にすることはできないと抵抗した。

　ご遺族の証人尋問はやってよかったと思っている。検察官の主尋問では全員が死刑を望むと証言された。しかし，証言を聞くと微妙にニュアンスに違いが

あるものである。心から被告人の死を望んでいる人もいるが，必ずしもそうではない人もいる。心のなかは一人ひとり違うのである。

　私は反対尋問もした。ただし被害感情についてはまったく触れていない。被害感情の土台になる知識がどの程度正確なのかという検証だけはしようと思った。「被告人から一言もわびの手紙がこない」と言われたので，「被告人から手紙を出させないという請求が検察官からされて裁判所が出してはいけないという決定を出していることを，検察官から聞かれていませんか」と聞いた。

　「被告人は指揮者だ」と言われるので，「誰から聞きましたか」と聞くと「検事がそう説明した。新聞にもそう書いてあった」と言われる。「指揮者だということが今の感情に影響がありますか」と聞くと，「そうだ」と言われる。情報操作とまで言うかは別にして，そうした情報が影響を与えていることを明らかにしておくことは必要だと思う。

　ご遺族の証人尋問を通じて，被告人と被害者とが直接対面することが非常に重要だと思った。被害者の方が被告人に向き直って面罵する。これが，自分が何をしたのかということを被告人が真剣に考え悩むきっかけになった。一方，被告人ともっと話したい，もっと直接問いかけたいという方もおられた。

　被害者の方の意思にかかわらず接見禁止決定をして，被告人と被害者が直接対話することなしに裁判を終了させることをいいやり方ではないと思う。「どうしてこんなことをしたのか」直接聞いてみたいという方がいて，被告人もそれを望む時にはそういう機会を与えることも必要なのではないかと思う。

(4)　被告人の人となりを示す

　弁護人の立証のテーマは，被告人がまともな25歳の青年ではないということを示すことであった。

　そのためには，検証と鑑定の実施にこだわったし，被告人質問は考え抜いた。

　①　サティアンの検証は不可欠だと考えた。オウム真理教の信者が何でこんな事件を起こしたのかを考える際に，信者が所属していた教団がどういうものであったかを裁判官に実感してほしかった。今もはじめて上九一色村のサティアンを見上げたときの驚きを鮮明に覚えている。ピラミッドのようなサティアンを，信者が無報酬で懸命に働き手作りしたのである。人が宗教を信じのめり込めば，報酬もなく，オウム食という味気のない配給を食べながら，不眠不休

であんな作業ができるのである。そういうことを裁判官に見せたかった。そういうなかで生きてきた被告人をどう裁くのかを問いたかった。

　サティアンを見上げたときに裁判官3人が私と同じように驚きの声をあげたことを今も鮮明に覚えている。

　②　被告人は16歳でオウム真理教に入り，その後，社会とは断絶をしてしまう。そういう精神状態の人間は，普通の人間とは違うのではないかという思いがずっとあった。そういう思いがあったので，世間が何と言おうが，「期待可能性がない」という主張はしておかなければいけないと思った。オウム真理教のなかで人間はどうなってしまうのか。これをやらないでこの事件を終わらせてはいけないと思った。そのために精神鑑定は不可欠だった。

　ところが，被告人は鑑定に反対した。「オウムの教えに従って悪いことをしたが，自分は狂ってはいない」という被告人の気持ちは十分にわかった。それをくり返し接見して説得をした。

　鑑定の結果は衝撃だった。「被告人はマインドコントロールからまだ醒めていない。教祖を信仰することは解けたけれども，被告人が培った密教信仰，その中における修行者なのだという価値体系からは一歩も外に出ていない」つまり，素の人間には戻っていないのだということだった。鑑定人はこうも証言された。「人間としての成長は，普通の社会における日常的な他人とのコミュニケーションの中でしか培われない。社会人としての成長は16歳で止ったままである」自分自身がショックを受けたことを覚えている。

　③　被告人質問は考え抜いた。普通であれば，被告人の言いたいこと順序だてて整理して，被告人が今何を考え，どう悩んでいるのかをわかりやすく説明することになる。弁護人はそのための道案内人をする。

　しかし，この事件では，被告人の持っている人間性そのものを赤裸々に裁判所に示したいと思った。そのため被告人質問は異例なものになった。

　私は，被告人の回答を予想しながら，その答えによって，被告人が世の中をわかったふうなことを言ってもその実何もわかっていない幼稚さを明らかにしようとした。たとえば，被告人が詩を書いて提出したいという。その詩について，「どの詩を読んでも人生は苦しみだと書いてあるが，どうしてそう思うのか」と聞く。するといろいろ偉そうなことを言う。そこで，「今言ったことは

○○さんの本の受け売りではないか」「オウムの本には本当の修行というのは苦しみのなかから得るものと書いてある。苦しんだと言わないと修行していると思えないから苦しいと言っているんじゃないのか」と聞く。すると，被告人が答えにつまる。その姿を裁判官に見せたかった。

(5) カルトの恐さを残す

　最終弁論はこう考えた。被告人の事件はいわゆる冤罪ではない。単に情状を拾上げて死刑が相当ではないといっても，あたりまえの弁論になってしまう。そうではなくて，被告人の裁判を通じて世の中に残せるものは何かを考えた。被告人は16歳という思春期の真っただなかでカルトに入り，世間から断絶し，さまざまなマインドコントロールを受けて，人間としての成長を止めてしまう。そのことをきちんと判決で認定してほしい。思春期にカルトに入ることは恐いことだということをこの判決で残してもらおうと考えた。

　裁判の最終盤になって，鑑定などから被告人のマインドコントロールがさめていないことが明らかになる。被告人は自分を修行僧として考えているという。そう聞いてなるほどと得心することが多かった。

　被害者の方は，被告人から真心が伝わってこないとか，本当に反省しているとは思えないと言われた。それは人間的な勘から気づいておられたのだと思う。被告人はチベット密教の修行として被害者の気持ちを考えているのだから，被害者に伝わるはずがないのである。

　被告人はこのころから大きく動揺する。ご遺族から面罵されたその厳しい言葉と，鑑定人の証言が，被告人の心を動かしていった。どうも今までの自分は根本的におかしかったと被告人が気づきはじめたのが，弁論の時期だったのである。私は，最終弁論を次のとおりしめくくった。

　　「弁護人は，被告人が地下鉄サリン事件で逮捕された時点から，被告人とつき合ってきました。
　　被告人が，オウム真理教を分析し，麻原を批判し，反省を表す様子を見て，弁護人は被告人がマインドコントロールが解けて，素に戻りつつあると信じていました。
　　被告人の供述に対して弁護人の持った違和感は，精神的未熟さ，プライドの高さ，社会経験のなさ，という被告人の個人的資質のためだと，ずっと思っていました。

ところが，西田鑑定人，浅見証人により，「修行者」と思っている被告人の現状が明らかにされ，「マインドコントロールは解けていない」という事実を呈示されました。
　弁護人はショックでした。
　が，被告人に対して弁護人が感じてきた違和感は「なるほど」と理解もできました。
　弁護人は改めてカルトの恐ろしさ，とりわけ思春期にカルトに取り込まれてしまうことの人間性に対する影響の深刻さを感じました。
　弁護人は，被告人を何とか素の自分自身に戻してやりたいと思います。
　そうでなければ，被告人がやったことの意味を本当にはわからないと思うからです。
　そうでなければ，社会で生きることの意味，社会で生きる喜怒哀楽の素晴らしさを本当にはわからないと思うからです。
　今，被告人を死刑してしまえば，被告人にそれらのことを本当にわからせることができません。
　浅見証人が言われたように，もし，被告人がそれらに気づけばボロボロになるでしょう。
　被告人は，ボロボロにならなければいけないのだと思います。
　刑罰は，犯罪者を真に反省させ，人間として更生させる意味を持つものであるはずです。
　被告人を死刑にすることは，それに反します。」

　1審判決は，被告人の反省は不十分であったが，ようやく修行ではなくて修行を捨てて人間になることをわかりつつあるので死刑を躊躇すると言っていると思う。裁判官は最後に「君の命を救ったのは修行させるためでも，瞑想のためでもない。人間としてご遺族の気持ちを考えてほしい」と訓示した。

裁判員裁判では…

　基本的には変わらないと思う。
　第1に，争うべきはきちんと争う。裁判員制度になっても事実を争うことに遠慮はいらないと思う。事実を争うことについて弁護人がきちんとした姿勢を持っていれば，裁判員は必ず理解してくれると思う。
　そして，どんな人間が，どういう理由で，何をし，今どんなことを考えてい

るのかということを，できる限り詳しく，かつ率直に示すしかないと思う。どんな人間にも生まれて今日までの人生がある。その人間ドラマを示すしかないと思う。裁判員が被告人に共感しなくても，「いろいろあったのネ」くらいでもいい。それを踏まえて，被告人の命を奪う必要があるのかどうなのかを問うしか私に答えはない。

　ただ，裁判員裁判では困難もある。被告人の人間ドラマで重要なものは，事件後の被告人の変化である。しかし変化には時間がかかる。本件の被告人を見ても，約1年間の逮捕・勾留中，約4年間の公判を通じて徐々に変わってきた。そして大きく変わったのは最後の1年である。裁判官はその被告人の変化をずっと見続けてきた。だからこそ，その変化を理解し，評価することができたのだろう。

　ところが裁判員裁判では集中審理になる。そこでは，裁判員は短期間しか被告人を見ることがない。被告人の変化を裁判員に見てもらうことはきわめて困難である。そこで，公判を前期と後期に分けるのはどうか。前期の集中審理をして少なくとも半年ほど間を空ける。その後に後期の集中審理を入れる。その間で被告人がどう変わったかを見るのである。

　人は変わり得る。その人の変化を見定めることなく，命を奪うことがあってはならない。このことは，裁判員裁判においても変わることがないはずである。

　そして，心しなければならないことをこの事件は教えてくれた。それは，いかに弁護士は被告人を表面的にしか理解できないかということである。被告人の人間性を示すためには，被告人を知らなければならない。そのために被告人と接見して話し合うことは重要である。しかし，それだけでは足りない。親族・友人・知人を含む被告人を知る数多くの人から被告人のことを聞く。心理学や精神医学の専門家の意見を聞く。育った環境，暮らした現場を見る。多くの活動が必要である。裁判員はいろいろな人生経験を持っている。その人生経験によっては，弁護人が考えてもいないような視点から，被告人の人となりが評価されることがあるのではないか。被告人のことを，被告人の人生を十分に分析しておくことが，裁判員の共感を得ることにつながるのだと思う。

（弁護士　神山　啓史）

4　死刑事件

Comment

　死刑事件の弁護について，純粋に研究者の立場からコメントすることは困難であるが（門司母子殺傷事件，光市事件，和歌山毒入りカレー事件，奈良女児誘拐事件などに関与している），自らの体験も踏まえながらコメントしたい。

1　弁護活動の基本姿勢
　裁判員制度が導入されても「基本的には変わらない」という神山啓史弁護士と同じ感想をもつ。すなわち，犯罪事実について「争うべきはきちんと争う」。量刑については「被告人がどんな人間をできる限り詳しくかつ率直に示す」。そのうえで，死刑の選択については「被告人の命を奪う必要があるのか」を真剣に問いかける。
　死刑の適用基準を示したといわれるいわゆる「永山事件」第1次最高裁判決は，①犯罪の性質（罪質），②犯行の動機，③犯行態様，とくに殺害方法の執拗性・残虐性，④結果の重大性，とくに殺害された被害者の数，⑤遺族の被害感情，⑥社会的影響，⑦犯人の年齢，⑧前科，⑨犯行後の情状などを資料として，「刑事責任がきわめて重大で，罪刑の均衡や一般予防の観点からもやむを得ない場合」にのみ死刑の選択が許される，という量刑基準を示した。
　それ以降，死刑が問題となる事件の多くでは，亡くなった被害者の数，罪名，犯行態様，および動機などの客観的要素（行為属性）を基準に死刑を科す可能性を判断し，そのうえで，行為者の年齢，前科，犯行後の情状などの主観的要素（行為者属性）をしん酌し，最後に，被害者遺族の被害感情や社会的影響に配慮して，最終的判断を示してきた。

2　行為属性の判断
　行為者属性については，死の結果と実行行為との因果関係，強盗殺人か，それとも殺人か（罪名），殺害の態様と遺体処理の方法（残虐性），殺害の計画性と故意の確定性，共犯事件の場合には役割分担などが争点となる。弁護人として，死体検案書・死亡診断書の死因と行為との関係を検討し，既遂が未遂になる可能性はないのかを科学的に検討する。強盗殺人は殺人と窃盗ではないか，バラバラ殺人は偶発的な被害者の死が猟奇的な遺体処理を招いたのではないかなどという視点から，罪名や行為態様を見直す必要がある。計画的殺害は単純故意に，確定的故意は未必の故

意に，未必の故意は過失に落ちるのではないかと問いかける。被告人の陥りがちな傾向であるが，結果的に人を殺してしまったのだから，計画的であろうと未必の故意であろうと同じであるというような自暴自棄な態度はきわめて危険である。裁判員が，結果だけを見て結論を急がないように，事実に目を向けてもらうことが重要であろう。「事実こそは，最大の量刑事情である」。

3　行為者属性の判断

　行為者属性については，少年事件なら鑑別報告書や家庭裁判所調査官報告書を開示させ，前科・前歴については刑事確定記録を閲覧し，本件との関連，とりわけ累行性，常習性などを検討しておくことになる。

　神山弁護士指摘のとおり，「事件後の被告人の変化」は重要である。できれば被害弁償や損害賠償を済ませて被告人の反省を証明する事実を形成することが効果的弁護であろう。しかし，死刑事件では，被害者が示談に応じてくれないことが多く，被告人のほとんどは貧困であるため，反省の気持ちを証拠化することはなかなか難しい。

　被告人自身の反省の深さを示すために反省文や謝罪手紙を書くなどの方法が用いても，功を奏することは少ない。作業を請願し，少額ではあるが，自らの手で稼いだ償与金を遺族に送るのも1つの方法である。犯行直後の被告人は，環境の変化についていけず，不安に駆られて，被害者やその遺族にまで思いが及ぶことは稀である。神山弁護士も言うように，「変化には時間がかかる」。

　死刑事件では，家族や友人との関係が切れて，被告人が孤立することが少なくない。弁護人との接見が唯一の面会になっているようなケースもある。社会的に耳目を集めたような事件では，マスコミ関係者が甘い言葉をかけて，被告人の手記を手に入れ，公表してしまうこともある。「死刑を逃げるのは卑怯だ」とか，「命乞いや言い訳は男らしくない」などと挑発的な記事を書いたり，ときには，直接，手紙を送ってくることもある。

　外界との接触を制限された状態での「孤立」は，死刑事件の弁護において，最も気をつけなければいけないことの1つである。弁護人以外の支援者やNGOと連携して支えていくことが大切であろう。

　注意すべきことは，友人などを使って被告人の「うかつな発言」を引き出し，これを情状証拠として提出するような手法を捜査機関が用いることである。かつての裁判官は，このような不適切かつ不公正な手段によって収集した証拠の証拠能力や

証明力を評価しなかった。裁判員の場合には，このような証拠が心証に影響を与えるのではないかと危惧される。しかし，最近は，職業裁判官も五十歩百歩かもしれない。この種の証拠は極力排除し，法廷で決然と反論すべきである。

　本章の事案では，時間をかけたことによって，１審の裁判官が被告人を理解するに至ったのであろうと思われる。しかし，近年の多くの死刑事件では，被告人に有利な主観的事情に理解を示す裁判官が減りつつある。

　被告人の変化を見るためだけでなく，裁判体に冷静な判断を求めるためにも，公判を前期と後期に分け，前記に事実認定の集中審理を入れ，半年ほど間を空けて量刑について審理する，という提案は示唆に富む。現在も鑑定が認められた場合には，１年以上の期間をとり，被告人の行動等を観察して科学的に結論を導こうとしている。検討に値する提案である。問題は，同一の裁判体を維持できるかであろう。

4　その他の量刑事情

　近年，被害者の意見陳述や参加が制度的に認められ，刑事裁判が情緒に流される傾向がある。少なくとも，傍聴席や法廷への遺影の持ち込みは禁止するべきである。これまで，そのような場面に直面しても，職業裁判官ならばその中立性を保持し続けられるという建前で，遺影の持ち込みが認められてきた。しかし，素人裁判員の冷静な判断を妨げることは明白であるので，今後は禁止すべきである。

　また，被害者遺族は，「当事者」として公判に参加しているといわれることがある。そうだとすれば，記者会見など法廷外での事件に関する発言は原則として慎むべきである。被害者遺族の意見が事件の社会的影響にまで及び，二重に評価されるとすれば，刑事裁判の公正を害する危険性はきわめて大きい。大きな声を出した者だけが得をするようなことになれば，もはや裁判ではない。

5　判決前調査導入の必要性

　弁護士は，謙虚に自らの理解力の限界を知り，被告人とともに理解しあえるまで接見を繰り返すとともに，被告人の生育歴・生育環境等も調査し，親族・友人・知人等の関係者や心理学・精神医学・社会学・教育学等の専門家の意見を聞き，被告人の人生を十分に理解することが重要であるいう点も同感である。

　捜査・訴追機関は，公権力を背景にして，さまざまな情報を収集するが，被告人に有利な証拠や事情を開示しないのが常である。たしかに，弁護人の調査能力には限界がある。制度論としては，英国・米国等で採り入れられている判決前調査制度

を導入すべきである。さしあたっての運用としては，死刑が問題となる事件については，裁判所が職権で，家庭裁判所調査官に被告人の成育環境・人格等について専門的観点から調査検討させ，その結果を量刑の資料とすべきである。また，原則的に精神鑑定または心理鑑定を行い，科学的な観点から，改善更生の可能性についての意見を求めるべきである。

6　永山基準の再確認

神山弁護士は「人は変わり得る」ことの重要性を指摘する。まさしく，そのとおりである。しかし，人が変わるのには時間がかかる。裁判の段階では，変わる可能性を信じて，死刑の可否を判断すべきである。

現在の実務でも，死刑の量刑に際しては「改善更生の可能性」という視点をかならず検討している（たとえば「光市事件」第1次上告審判決）。永山基準は，刑事責任の重大性，罪刑の均衡および一般予防の観点から，やむを得ない場合に限って死刑は認められるとしている。

一般に刑罰の機能または目的としては，応報，一般予防（ないしは犯罪抑止力），隔離（ないしは無害化）および改善教育（ないしは社会復帰）があげられる。行為に対する応報という刑罰の枠組みのなかでその他の刑罰目的を考慮するとする相対的応報刑論が現在の支配的見解である。これは，懲役刑や禁錮刑のような自由刑を正当化する際の説明である。しかし，死刑については，応報，一般予防および隔離の機能はあるが，改善教育や社会復帰の可能性を否定されなければ正当化はできない。したがって，検察官は，単に「極悪非道」「被害者感情もしゅん烈」というような情緒的表現で事足れりとせず，改善更生の可能性がないことを積極的に立証すべきであり，裁判所も更生が不可能であると確信できなければ，死刑を言渡すべきではない。しかし，現在の実務は，結果の重大性や被害者の感情に偏り，きわめて情緒に流されている。

弁護人は，裁判員に上記のような基準を示し，その「共感」を得るべく努力しなければならない。刑罰は，罪刑の均衡やその他の刑罰目的（犯罪予防や社会復帰）を無視して，復讐やしょく罪のために科されるものではないからである。

7　上訴・再審を想定した弁護活動の必要性

いま1つ注意すべきことは，死刑弁護が「命（いのち）」をめぐる裁判だということである。

近年，再審請求が死刑執行を引き延ばすための便法であると批判する論者がいる。しかし，これは日本の再審の現状を無視した見解である。現行刑事訴訟法は，再審開始には証拠の新規性と明白性という厳しいハードルを課している。死刑確定者のなかには，自ら上訴を取下げた者であっても，十分な弁護や審理がなされていないことに不満を持つ人が少なくない。いわゆる「名張毒ブドウ酒事件」の推移を見てもわかるように，批判されるべきは，人の命が問題となっている死刑再審の門を硬く閉ざし，執行の危機を放置している司法当局である。

　このような現状を前提とする限り，死刑弁護は，将来の上訴審での審理や再審を想定して，原則として，被告人にとって有利に作用するであろうと思われる主張は，1審段階でしておくべきである。

　先日の広島高裁の「ペルー人幼女殺害事件」の破棄差戻し判決のような，検察官の立証の不備ないしはミスを控訴審が救済し，再度審理を求めるような運用は不公平であり，かつ著しく正義に反する。

　裁判員裁判では，死刑判決には全員一致を要求すべきである。検察官による不利益上訴は認めるべきでない。また，死刑判決の確定には必要的3審制度を導入すべきである。

　このような立法による解決がなされるまでの過渡期においては，裁判所は，慎重のうえにも慎重を期し，被告人に不利益な訴訟運営を極力避けるべきであり，弁護人はそれを求めるべきである。なぜなら，死刑裁判は，命の裁判だからである。

（龍谷大学大学院法務研究科教授　石塚　伸一）

❖ Topic 2　評　議

1　評議の位置づけ

「人を裁くことには抵抗がある」という戸惑いが，裁判員制度に関して聞かれることがある。「人を裁く」という言葉が出てくる背景には，たとえば，「被告人が殺人者かどうか，犯罪者として断罪すべきかどうか決めるのが裁判である」という暗黙の前提があるようである。

しかし，現代の裁判では証拠に基づいて判断が行われる。そのため，裁判で判断者が行うべきことは，「被告人が『ある行為』をしたと言えるだけの十分な証拠が法廷に出ているかどうか判定する」ことである。

その判定は1人で行うのではなく，裁判員裁判では裁判官と裁判員からなる評議体で行う。評議は，法廷で見聞きしたことを評議体全体の最終的な判定につなげる重要な場面である。この重要な場面が，プロの裁判官と一般市民から選ばれた裁判員という，異質な人びととの組み合わせでうまくできるかどうか，裁判員制度が提案された当初から問題提起されてきた。そして，市民が判断者となることについては，さらに遡れば，1923年に成立した陪審制度の導入の際にもさまざまな問題が提起されてきた（藤田政博『司法への市民参加の可能性——日本の陪審制度・裁判員制度の実証的研究』[有斐閣，2008年]）。

2　一般市民は流される？

裁判員として市民が評議するときの心配として，一般市民は「流される」と言われることがある。「だから裁判員制度を実施する意味はない」という意見もある。

集団意思決定一般の問題として，評議結果として出る意見は，個々人がもともと持っていた意見よりも極端になるという集団極化現象（Myers, D., & Lamm, H. The group polarization phenomenon. Psychological Bulletin, 83 [1976] pp. 602–627）を押さえておく必要がある。これは参加者が市民だから「流されてしまった」ということではなく，どのような参加者であっても起こりうるものである。

それを押さえたうえで少し落ち着いて考えてみると「流される」という言葉が実際には何を指しているのか，明瞭ではない。「流される」という言葉がよく使われる言い方には2つあるように見受けられる。

その1つは，裁判官とともに話し合いをするのだから，「裁判官の意見やマ

スコミ報道に流される」という「流される」である。もう1つは,「市民は素人なのだから,感情に流される」という「流される」である。同じ「流される」という言葉を使っていてもその指す事態の内容と考慮すべきポイントは異なっている。

(1) 裁判官やマスコミに「流される」？

市民が裁判官に「流される」というときの意味は,本来持つべき意見からずれてしまったり,本来意見を言うべきなのに言わなくなってしまう,などのことを指すのだろう。心理学用語で言えば「同調」である。自分の心のなかでは別のことを考えていても,表面的に行動や意見を他人にあわせてしまうことを指す。

この問題に関して,日本でも実験が行われている（杉森伸吉・門池宏之・大村彰道「裁判員に与える情報が複雑なほど裁判官への同調が強まるか？―裁判員への認知的負荷が裁判官から受ける正当性勢力に及ぼす効果」法と心理4巻［2005年］60-7頁）。この実験では,認知的負荷の程度と裁判官からの影響の大きさの違いを調べたものである。この実験では,大学生が裁判の資料を読んで有罪か無罪かなどの判断を行った。

それによると,認知的負荷の高い資料（量が多く全部読むのが大変な資料）を与えられた大学生は,「裁判官の意見」として呈示された有罪の意見に同調する傾向が高かった。逆に,資料の量が少ないと,そのような傾向が見られなかった。

この実験では「この意見は裁判官の意見です」として紙で呈示された意見への同調の程度を見たものなので,実際に裁判官がその場にいて評議する場合にそのままはあてはまらないかもしれない。しかし,「流されやすさ」という目につきやすい要因よりも,裁判の運営方法によってより大きな影響を受ける可能性についてよく考えなければならないだろう。

それに対して,公判前報道についての米国の研究によれば,事件に関わる報道を見ることは判断の結果に影響を与える（Studebaker, C. A., & Penrod, S. D. Pretrial publicity: The media, the law, and common sense. Psychology. Public Policy, and Law, 3 [1997] pp. 428-460）。そして,それは裁判官の説示や評議によってもなくならない（Kramer, G. P., Kerr, N. L., & Carroll., J. S. Pretrial publicity, judicial remedies, and jury bias. Law and Human Behavior, 14 [1990] pp. 409-438）。

これは日本で行われた研究ではないので,まったく同じことが日本でも言えるかどうかはわからない。しかし,日本人がアメリカ人よりもとくに報道に対する耐性が高いと考える合理的な理由はあまりないと思われるので,おそらく日本でもマスコミ報道を見聞きすることが判断に影響すると考えるほうが妥当

だろう。

(2) 裁判員は感情に「流される」?

これも,明治・大正時代から言われているものの,日本での調査や実験はまだほとんどない。したがって,真偽のほどはまだ不明と考えておくのが妥当だろう。

参考に,米国での陪審研究の結果を見てみよう。これは刑事陪審ではなく民事をテーマにした陪審研究であるが,陪審の怒りの程度と損害賠償額との関係を調べた研究では,両者に関係が見られなかったという結果がある。また,被告が法人の場合と個人の場合で比較すると,法人に対する場合のほうが飛び抜けて厳しいというわけでもないという研究結果もある (Greene, E., Chopra, S. R., Kovera.M. B., Penrod, S. D., Rose, V. G., Schuller, R.Studebaker, C. A.,& Ogloff, J. R. P.Jurors and juries: A review of the field. In J. R. P. Ogloff [Ed.] Taking psychology and law into the twenty-first century. [New York: Kluwer Academic/Plenum Publishers, 2002] pp. 225-284)。

これが意味することは,陪審員が怒りを感じたとしても,それを直接賠償額に反映しているわけではない,ということである。また,民事裁判では大企業などに対して陪審員は否定的な感情を持っていて,厳しく判断するというイメージが喧伝されているが,実験をしてみるとそうでもない,ということである。

つまり,民事陪審における損害賠償額は感情以外の要因に大きな影響を受けているのである。そして原告の請求額が,陪審の決めた賠償額に大きな影響を与えている (Hastie, R., Schkade, D. A., & Payne, .J. W. Juror judgments in civil c.ases: Effects of plaintiff's requests and plaintiff's identity on punitive damage awards. Law and Human Behavior, 23 [1999] pp. 445-470)。

(3) 一般市民は外見に惑わされる?

そのように言っても,「市民は魅力的な外見の人物が被告人であれば甘い判断をしがちなのではないか?」という疑問もあり得る。本来の事実以外の要素で判断してしまうということがあるのではないかという問題である。

この問題について調べた著名な研究では,外見の魅力度の高い人物は犯した罪を軽く評価される (Efran, M.G.The effect of physical appearance on the judgment of guilt, interpersonal attraction, and severity of recommended punishment in a simulated jury task. Journal of Research in, Personality, 8 [1974] pp. 45-54) ことが明らかにされた。しかし,被告人がその魅力を使って犯罪を行った場合には厳しく評価される (Sigall, H., & Ostrove, N. Beautiful but, dangerous: Effects of offender attractiveness and nature of the crime on juridic judgment.Journal of Personality and Social Psychology, 31 [1975] pp.410-414)。実験参加者個人に聞いた場合にこのような結果になるが,評議すると外見の影響力はなくなり（Izzett, R.R.,& Leginski, W.Group discussion and the influence of defendant characteristics in a simulated jury setting. Journal of Social Psychology, 93 [1974] pp.271-279), それは20の研究をまとめて検討した場合もそうであった（Hagan, J.Extra-legal attributes and criminal sentencing : An assessment, of a sociological viewpoint. Law and Society Review [1974] pp.357-383)。

3　評議について
(1)　事実認定

このように,個々人としては外見などの要因に影響を受ける場合もあるものの,評議を通じてその影響は減じ,最終的には比較的適切な結論に達することになるだろう。裁判員制度はまだ始まっていないので現時点では予想にすぎないが,陪審研究の結果（Hans, V.P., & Vidmar, N.Judging the Jury. 4th ed.[NY : Perseus Books Group, 2001]) から見てみると（大坪庸介・藤田政博「集団過程としての陪審裁判」心理学評論44巻［2002年］384-397頁),裁判員制度でも市民は集団としては適切な事実認定を行うことが多いだろう。

そして,裁判官と裁判員が適切にコミュニケーションを行えたときには,両者が1つの評議体として適切な意思決定を可能にするだろう（藤田政博・堀田秀吾「模擬評議の分析その1――コミュニケーション・ネットワークの観点から」季刊刑事弁護［2007年］53-57頁)。

(2)　量刑評議

事実認定と異なり,どのくらい重い罰を科すかは,事実認定よりも決めづらい問題であろう。そのため,裁判員自身も自身の意見の確実な根拠を欠くため,何か決める基準を外に求める可能性が高い。その結果,量刑データベースを使い,過去の事例を知っている裁判官に同調しやすくなることが予想される。

刑罰には,犯した罪の大きさに相当する罰を与えるべきであるという側面と同時に,被告人の更生という側面もあるため,いっそう難しくなる。

どのような性質を持つ被告人であればどのくらいで反省するか,過去の事例とつきあわせても答えは得られないだろう。また,米国の民事の模擬陪審の結果ではあるが,原告の請求額が,陪審の決めた賠償額に大きな影響を与えている（Hastie, R., Schkade, D.A., & Payne, .J.W. Juror judgments in civil c. ases : Effects of plaintiff's requests and plaintiff's identity on punitive damage awards. Law and Human Behavior, 23 [1999] pp. 445-470) ことからすれば，検察官の求刑が量刑に大きな影響を与えていることは容易に想像される。したがって，量刑については，できれば家裁調査官のような量刑専門官をおいて事件ごとに適切な量刑を提案するようにするのが理想的だろう。

（政策研究大学院大学大学院政策研究科准教授　藤田　政博）

5

量刑問題

月ケ瀬中2女子不明
奈良・月ケ瀬中2女子

25歳男性に逮捕状

未成年者略取などの容疑 売却車両から血痕

奈良県葛上郡月ケ瀬村で、昨年5月4日から、村立月ケ瀬中学2年、●●●●さん(13)が行方不明になっている事件で、県警捜査本部は22日午後、同村内に住む●男性(25)に対し、未成年者略取容疑で逮捕状を取った。23日朝から男性に任意同行を求め、容疑が固まり次第逮捕する。

(社会面に関連記事)

捜査本部は、男性が6月30日に売却した四輪駆動車を●●さんから回収して調べた結果、車内から微量の血痕を採取、DNA鑑定で●●さんのものと一致したという。また、男性は事件の前日から4日まで着用した服や、幅広の黒色ビニールテープを以前所持していた。

近くに居住

捜査本部は、同村内の村道を歩いていた●●さんを、車や車のスリップ痕が見つかった。翌5日、村道の西北約2㎞の公衆トイレで●●さんのジャージーなどが石鹸と洗剤を付けて捨てられているのが見つかった。またトイレそばの休憩所のごみ箱と携帯から、●●さん用の黒色ダウンベストと黒色ビニールテープが裂かれた、ジャージーは鋭利な刃物で切り裂かれ、ダウンベストには●●さんとは別人の毛髪もついていた。

毛道中、自宅近くで友人2人と別れたまま晴れず、村道下で●●さんの血痕や車の鉱物が見つかった。

●●さんは5月4日午後、クラブの試合から帰宅中、自宅近くで友人2人と別れたまま晴れず。

(毎日新聞1997年7月23日付朝刊)

Case 　　高野　嘉雄
Comment 　　安原　浩

髙野 嘉雄　―TAKANO Yoshio―

1946年 大分県 生
京都大学法学部卒業
現在，弁護士（奈良弁護士会）

裁判員になるあなたへ

　犯罪の背景には社会の矛盾があります。責任を被告人にのみ負わせることのできない事情があります。裁判，とくに量刑は被告人の責任にのみ眼が行きがちです。みなさんは社会，コミュニティの代表者として判決に関与するのです。犯罪をもたらす社会のあり様，社会の責任を厳しく問うてください。社会の責任を量刑に反映してください。そうすることが社会を良くし，犯罪のない社会をつくる一歩となると私は信じています。そしてそこに裁判員裁判の意味があると私は思っています。

安原　浩　―YASUHARA Hiroshi―

1943年 兵庫県 生
東京大学法学部卒業．元裁判官
現在，弁護士（兵庫県弁護士会）

裁判員になるあなたへ

　裁判員になることはなかなか気の重いことと思います。
　でも，選挙権の行使と同様に，この国のあり方を左右する大切な仕事ですから日本人としての誇りと責任をもって臨んでいただきたいと，と切に願っています。実際の事件は，新聞やテレビで見るような簡単に割りきれるケースはほとんどありません。検察官も弁護人もそれぞれもっともと思われる真剣な主張をします。そのときこそ，あなたの良心や良識に聞いてみてください。他の裁判員や裁判官の意見も聞いたうえで，あなた自身が納得できる結論がでれば大成功です。
　くれぐれも，裁判官への遠慮や控えめの発言は失敗の元ですからご注意ください。

Case 5

罪の重さを決める

どのような事件か

　ここでは3つの事件における弁護活動を紹介する。①僻村でおきた女子中学生誘拐殺人事件，②家庭内暴力と息子殺害事件，③拳銃奪取を目的とした強盗傷人事件である。これらの事件のなかで量刑がどのような要素をめぐって争われ，弁護人はどのように弁護活動をしているのか，裁判所がどのように量刑しているのか。さらには，裁判員制度において裁判員が量刑を判断する際，弁護人が裁判員に伝えなければならないことは何かを検討してみたい。

なぜ弁護するのか

　私は，犯罪は家庭，学校，職場，地域等社会のなかに存在する矛盾とそのなかで翻弄された人間がなす行為であり，社会の病理現象と考えている。裁判を通じて犯罪をもたらした社会の矛盾を明らかにし，犯罪を予防するために社会はどうあらねばならないのかを社会に示さねばならないと考えている。そして犯罪は犯人自身の責任であるのと同時に社会の責任でもあることを明らかにし，裁判所はそれを踏まえて，被告人の責任，量刑を決めるべきであると考え，そのような視点で弁護活動をしている。どのような凶悪な事件でも例外なくその背景には社会矛盾がある。そう考えるがゆえに，そしてそれを明らかにするのが弁護士の責任と考え，どのような事件であろうと，私は絶対に弁護することを拒否しないし，法廷撮影の際にはどのような凶悪事件でも必ず弁護人席に着席している。

　また，私は，裁判は被告人の生き直しの場であると考え，被告人の更生に資

する刑事弁護という理念を有している。逮捕，勾留，裁判の経過のなかで被告人が立ち直れるようにさまざまな働きかけをし，自己のこれまでの生き方を捉え直し，なぜ自分が犯罪者となってしまったのか，自分が犯した事件がどのようなものであったのか，被害者やその関係者らはどのような思いでいるのか，自分の両親，配偶者の状況，自分への思い等を考えることにより反省を深めること，更生への思いを強めることを手助けすることも弁護人の役目であると考えている。

事件と裁判

(1) 女子中学生誘拐殺人事件
ⅰ） どういう事件か

1997［平成9］年5月，奈良県の月ヶ瀬村で事件は起こった。梅で知られた僻村で女子中学生が行方不明となり，同村の青年が逮捕された。この事件は発生直後から青年が犯人と疑われ，マスコミ報道が先行し，集中取材にさらされ，これに激しく反発，抵抗する青年の姿が大々的にテレビ等で報道された。事件の重大性から奈良弁護士会は当番弁護士を派遣し，私も弁護団の一員として参加した。青年は捜査段階の当初は否認し，その後自白した。

青年の自白により遺体が発見されたが，白骨化しており，犯行態様については自白以外にほとんど物的，客観的証拠はなかった。

ⅱ） 何が問題か

争点は動機にしぼられた。検察官は女子中学生がはいていたパンツがTバック状に切断されていることを唯一の根拠とし，さらに青年の自宅から押収したアダルト雑誌（合法のもの）のなかに制服を着た女子高校生のものがあることを中心に，わいせつ目的の誘拐殺人事件と主張した。

弁護人は青年の動機についての供述と女子中学生は青年の車に乗せられる前に，背後から車をぶつけられているという事実を中心に，わいせつ目的で誘拐したのではなく，月ヶ瀬村住民による永年にわたる青年一家に対する差別と青年のそれによる屈辱感，怒りによるものと主張した。自動車で背後から車をぶつけて負傷させた中学生を相手にわいせつ行為，姦淫行為をするという計画は

きわめて不自然で不合理であり，考えにくい。誘拐するのに必要なロープ，ガムテープ等が事前にまったく用意されていないことも誘拐することは当初からは目的とされていなかったということのもう１つの根拠であった。

ⅲ）どう闘ったか

青年が捜査段階，公判段階で供述した動機，事件の経過は次のようなものであった。

青年は，５月の麗らかな日だまりの下に車を止め車中で仮眠をしていた。眼を覚まし，何となくウキウキした気持ちで村内の道路を運転していると，被害者が歩いていた。同村で双方顔を見知っており，中学生の家までまだ距離があり，坂もある。家まで送ってやろうと思い，乗っていくかと声をかけた。しかし被害者は青年の呼びかけを無視し，見向きもせず，早足で歩き続けた。これをみて青年は，「俺をよそ者と思って無視している」「返事もしよらん」「みんな俺を嫌っている」「この女も一緒だ」と思うと，日頃よそ者扱いされている悔しさが爆発し，頭のなかがパニック状態となり，背後から車をぶっつけてやろうと決意し，衝突させた。しかしぶっつけた後にわれに返り，このままだと自分が衝突させたことがバレると考え，車中に入れたものの，始末に困って，山中まで運び，そこで被害者を殺害したというのである。

青年がいう月ヶ瀬でずっと「よそ者」扱いをされ続けていたということが女子中学生の背後から車を衝突させるという行為につながるかどうかが本件の動機，目的についての争いの結果を左右する，検察官はそのようなことはあり得ない，最初からわいせつ目的で車を衝突させたと主張したのである。

「よそ者扱い」の具体的内容を弁護人は立証した。青年は，ともに，在日朝鮮人と日本人のハーフである父親と母親の間に生まれた。母は小学生位の字しか読めず，父は中卒で，２人とも土木作業をし，村の農作業の手伝い等で生計を維持していた。極貧であった。村の人々は古くからの住民で，ほとんどが自分の土地，建物を有しているが，青年の家は借家であった。狭く，日陰の，湿地に建っていた。友だちが家に来たということは一度もなかった。青年は教師の体罰，エコヒイキを原因として，中学２年から不登校となった。中学以来友だちの家に行ったことはない。卒業証書は教師ではなく，生徒が届けたが青年はそれを焼いた。

このように「よそ者」扱いされ，差別を受け続けていたことが，「送っていこうか」との青年の声かけを無視し，逃げるように早足に歩いて行く被害者の姿を見て，車を衝突させるという行為につながるのは自然なことであると弁護人は主張した。検察官はわいせつ目的の行為であるとして青年に無期懲役を求刑し，これに対して原裁判所は青年の供述する動機を認め，さらに青年に前科がなく，稼働状況も真面目であったこと等から更生の可能性があるとして懲役18年の刑を宣告した。

　検察官は控訴し，控訴審でもわいせつ目的の有無が争われた。大阪高等裁判所は女生徒の着用していたパンツがTバック状に切断されていたことを重視した。なぜそのように切ったかについて，覚えていないと一貫して供述していた青年に対して，真実を供述していない，反省していないとして原判決を破棄して無期懲役を宣告した。青年は原審以来，どんな判決でもそれに従うと告白していたが，控訴審判決の朗読中もまったく動揺を示さず，冷静に判決を聞いていた。

　弁護人は上告したが，青年は上告を取下げ，服役した。そして青年は服役中に自殺した。青年は事実として事件の動機，経過を語ったが，弁解めいた態度は一貫してしなかった。

　差別とそれによる屈辱が真面目な青年を衝動的な殺人事件に至らせるのかどうか，これに対する判断は裁く人の社会観によって左右されることを考えさせられた事件であった。

(2)　家庭内暴力と息子殺害事件

ⅰ）　事件の概要

　深刻な家庭内暴力を背景とした父親による成人した息子の殺人事件を弁護した。大学受験に失敗した息子が，その原因は父親のアルコール依存症による家庭内不和にあるとし，進学もせず，定職にもつかず，長年家でブラブラしながら，毎日のように父親を怒鳴りつけ，殴打，足蹴りにするということが数年間続いた。父親は息子の暴力を恐れて，息子と顔を会わせないよう，2階で1日を過ごすようになった。ある日，父親が「息子がブラブラして困っている」という愚痴を知人に携帯電話でしゃべっていた。これを聞きつけた息子が2階に上がってきて，殴る，蹴るしたうえ，父親の携帯電話を取り上げて，一旦階下に戻った。殴られたために，前に手術を受けた眼がかすんだことから階下の妻

に向かって「車を呼んでくれ，病院に行く」と父親が叫んだ。息子はそれを聞くや，再度2階に上がり，ベッドに座っていた父親を殴る，太股を踏みつける等して階下に降りた。3回目に2階に来た息子はテレビをもって下に降りた。4回目に2階に来た息子はビデオデッキをもって下に降りた。3回目，4回目に2階に来た際は息子は父親に乱暴しなかった。そして5回目に2階に上がってきたときに父親はテーブルにあった果物ナイフを持ち，2階入口で待ち受けて腹部を刺した。階段を降りた息子を追って，父親は階下で倒れた息子に馬乗りになって背部等を刺し，さらに台所の包丁をとって刺そうとしたが家族にとめられ，119番，110番通報を指示したが，息子は失血死したという事件だった。

ⅱ）何が問題か

　検察官は携帯電話，ビデオデッキは父親の唯一の楽しみであり，日常的な息子の暴力への怒りのうえに，これらの物を取り上げられたことにより激しい怒りが噴出して，殺害行為に及んだとした。息子による父親への暴力は大学受験に失敗し，もうまともな社会生活をできないとやけになり，父親に責任転化をして父親への暴力となった。父親は受験に失敗したことの原因は自分にあると考え，日常的な息子の暴言や暴力に対して，それまで一切抵抗してこなかったこと，息子とは圧倒的な体力差があるうえ，糖尿病のための人工透析を受け，さらに腰痛で十分に動けない病人である父親が，検察官が主張するような報復のために殺意をもって攻撃することなどあり得ないというのが弁護人の主張であった。

ⅲ）どう闘ったか

　父親は最初，息子に対して一切無抵抗で，震えて耐えていた。

　息子が自分に対する嫌がらせのために2階から持ち出すという行為をしたときは暴力がなかった。息子が持ち出す物はもうない，息子はもう2階に来て暴力を振るうこともないと思って，父親は安堵していた。そういう心境のときに再度息子が2階に上がってきた，今度こそ自分に対するさらなる暴行をするために2階に来ようとしていると父親は思った。顔面は別人のように腫れ上がり，着ていたパジャマはズタズタになり，殴打により片眼が見えない状態で，失明するかも知れないとの極度の恐怖心のもとで，今度こそ殺される程の暴力を受けるに違いないと父親は考えた。そして2階の踊り場に立った息子を刺したということを法廷で供述させた。裁判所は弁護人の主張の一部を認め，2階で刺

した行為自体は防衛行為としたうえで，全体的な父親の行為は正当防衛，過剰防衛にあたらないとした。求刑は懲役13年であったが，判決は懲役7年であった。

　動機についての検察官と弁護人の主張の差は，息子の行動を詳細に再現し，それに対応する父親の心境を詳細，具体的に再現したか否かの差であった。検察官の主張は事実に基づかない，平板な，思い込みによるものであった。具体的な事実こそが説得力を持つということを改めて考えさせられた事件であった。

(3)　拳銃奪取を目的とした強盗傷人事件
ⅰ）　どういう事件か

　青年は拳銃を使って自殺しようとして白昼，奈良市内の中規模な駐在所に向かった。手にしていた凶器は，くり小刀だった。無人の駐在所の1階から2階の事務室に入り，なかにいた婦人事務員に離れたところからくり小刀を手に「拳銃を出せ」と叫び，近くの机の引出しをあけてなかを捜し出した。女性事務員が近付いてきて青年を制止をしようとした。青年はその腹部を切りつけて傷害を負わせた。通報で駆けつけた警官に現行犯逮捕された。青年は21歳，童顔，小柄で，中学生位にしか見えなかった。青年は滑り止めに受験した高校に入学したものの，この高校は本来自分が行くべき高校ではないということで違和感をもっていたことを主要な原因として，高校1年生から不登校であった。教科書等を段ボール箱に放り込み，ガムテープでグルグル巻きにした。家に閉じこもり，昼夜逆転して，インターネット，ゲームに沈溺していた。家庭内では父親に包丁をつきつけ，妹の部屋に花火を投げ入れる等の行為を重ねてきたが，暴れて，反抗はするものの非力であり，母親には依存的であった。青年は後に統合失調症の前駆的症状と診断された精神状況であった。接見当初は会話が成立せず，妄想，幻聴があるという状態であった。その後症状は落ち着き，取調べに対してインターネットでホラー情報，自殺情報を集め，死ぬしかない，死ぬ方法として，ハワイで拳銃の試射をした経験があったことから，駐在所に押し入り，拳銃を強奪しようと考えて犯行に及んだ旨供述していた。

ⅱ）　何が問題か

　事件自体からして，青年の犯行は非現実的であった。白昼，正面入口から駐在所に立入り，くり小刀を使って，拳銃を奪取することは客観的には実現不可能である。下手をすると逆に射殺されてしまう。机のなかに拳銃があるのでは

ないかと考えたというが，机のなかに拳銃があるわけもない。女性事務員が拳銃を持っているわけもない。白昼にそんなことをすれば，通報されてすぐに警官に逮捕されることになるのは自明である。母親の話では少し前の親族の葬儀に参加したときから異常が出ていたとのことであった。激しい貧乏ゆすりをし，人の顔を見ることができず，途中で退席し，1人で家に帰った。それから死ぬということを言い出した。精神科医の処方した薬の副作用によるものだと考えられた。そこで，弁護活動としては統合失調症，服用薬の副作用による責任能力の不存在，ないしは減少の主張であった。問題は青年と弁護人の意思疎通が著しく困難であったことである。もともと青年は家で泣いたり，笑ったりするということができず，家庭内での意思疎通がほとんどできない状態であった。弁護人からの働きかけのなかで事件を見つめ，その原因を考え，反省するということが不可能な状況であった。

　このような状況を何とかしたい，何とかしなければ実刑になる，しかも4～5年以上の実刑というのが私の予想だった。日本では警察官への犯罪，とくに拳銃を狙った犯罪については厳罰で対応されていたからである。

ⅲ）どう闘ったか

　青年の注意を現実に引き戻す，事件を正面から見つめ直させる，そして青年に病識を与えたい。それが私のもう1つの弁護活動であった。自分は統合失調症という病気を持っている，そのことを青年自身に自覚させることである。病識を持てるか否かは統合失調症治療の最大のポイントである。青年の両親は統合失調症についての正確な知識を有していたので私の考え方に同調してくれた。接見のたびに病気の話をした。青年は事件後の時間の経過のなかで落ち着きを取り戻したものの，妄想は消えず，日記（私は日記を書くことを勧めていた）には理解不能の言葉が書き込まれていた。青年は死の観念にとらわれ，混乱していた。私は手塚治虫の『火の鳥』『ブッダ』という，死をテーマにした大作の漫画本を差入れた。青年はこれに熱中し，接見の大半は，一時，これらの漫画の話題に集中した，その後，私はジャーナリスト黒田清の『会えて，よかった』（三五館，1993年）を差入れ，その感想文を書くように求めた。この本には厳しい状況のなかで健気に生きている人々の話がいくつも，短い，読みやすい文体で記載されている。どんな人でもこのなかのいくつかの文章に感銘し，自

分の生き様と重ねることができる。私はこの本を多くの刑事事件の弁護活動のなかで使っている。生き直しの第一歩を与えてくれるからである。青年もまたこの本に感動をし，父，母，妹の存在と自分を関係づけることができるようになった。その段階で私は青年にロールプレーをすることを求めた。ロールプレーは自分を他の人間におきかえ，その人の立場になって考えることである。父，母，妹の立場に立って，今回の事件を考えてみるという作業である。それを文章にして私に提出させた。何回もその作業をして，最後は被害者の供述調書を差入れた上，傷つけられた女性事務員の立場で事件を考えさせ，文章を書かせた。この作業を経て，法廷で青年に，父，母，妹と犯罪を犯してしまった自分との関係についての供述を求め，被害者の事務員の心境，恐怖心について語らせた。これまで泣くことができないといわれていた青年は法廷で泣きに，泣いた。女性事務員との間で示談が成立した。私は被害者に許すという言葉を求めないことを原則としている。しかし本件では裁判官から，宥恕文言（許します），寛大な判決にしてくださいという文言を是非入れておくようにとの助言もあり，示談書には宥恕するという文言を入れてもらった。

　求刑は当初8年であったが，論告，弁論後に示談が成立したので，弁論は再開され，検察官は示談の成立を評価し7年の求刑となった。公判での精神鑑定で心神耗弱とされていたこともあって，判決は懲役3年，保護観察付の5年間の執行猶予であった。1年余りの裁判のなかで，被告人は劇的に変わった。それを目の当たりに見たからこそ裁判所は執行猶予としたと私は考えている。青年は判決後は病院に通院して治療を受けながら，アルバイトをしている。そして年に何回か，報酬の分割金を私に届けるという形で判決後も青年との接触を維持した。青年と家族達との懇親の食事を続けるなかで，猶予期間5年は無事に経過した。

　裁判の中で被告人が「生き直し」をする。そしてその過程を裁判所に示して，量刑判断を求めるという弁護活動であった。

情状弁護

(1) 具体的な事件についてどのような刑を宣告するのか，それが刑の量定，量

刑問題である。具体的事件の量刑はどのようなことが考慮されて決まるのか，その要素を量刑基準といい，情状という。情状が良いから刑を軽くする，執行猶予にするとか，情状が悪いので刑が重くなったとか，実刑になったといわれるのである。量刑の基本は被告人が犯したとされる具体的な犯罪行為の内容である。弁護人は客観的，具体的な犯罪行為の立証について厳格に対応しなければならない。どのような経過で犯罪行為に至ったのか（犯罪の動機，目的等）についてもおろそかにしてはならない。一定の関係がある被害者に対する犯罪行為であれば，過去の両者の関係を徹底的に調べ上げ，被害者側の問題点，あるいは被告人側の忍耐，我慢，抑止状況等被告人側の有利な事実，あるいは被害者側の落ち度を事実として法廷において立証すべきである。

(2) 犯行態様，動機，計画性，共犯関係という要素が量刑において重く評価される。これらについて弁護人は徹底的にこだわるべきだ。弁護人が合理的で，自然であり，真実であると判断する被告人の主張と異なる場合は調書はすべて不同意し，立証趣旨を争い，証拠の採否を徹底的に争うべきである。

(3) 私は自己が犯した犯罪に被告人が正面から対峙し，なぜそのようなことをしてしまったかを，自己の生活史のなかから捉え直すことが更生のために必要不可欠と考えて弁護活動をしている。自己が犯した犯罪を捉え直すことによって，初めて被告人は自己の「責任」を自覚できると考えるからである。刑事司法は生き直しの場でなければならないと私は考え，更生に資する刑事弁護，および犯罪の防止，事実に即した適切な量刑，適正手続の実現を私の刑事弁護の指針としている。このような作業を勾留中からずっと継続して行っていること，そしてその中で被告人が変化し，周囲の対応も変化していることを法廷で明らかにすることに情状立証としての意味がある。

被害者参加と量刑

(1) 2008［平成20］年12月から被害者参加制度が実施された。2000［平成12］年から被害者や遺族（以下，被害者等という）の意見陳述制度が導入されていたが，これをさらに一歩進めて，被害者等が法廷に参加し，証人に対して情状事項について尋問すること，被告人に対して被害者意見陳述をするために必要な

事項について質問をすること，証拠調べ後に検察官の論告とは別に被害者等が求刑，論告することができるという制度である。

　事実認定や量刑は適正な証拠のみに基づいて，冷静な証拠評価，冷静な評議によって決せられるべきであり，心証形成に非合理的な影響を及ぼすものは法廷から排除されるべきであり，情緒的なものは避けるべきであるというのが反対意見の理由である。被害者参加が量刑の厳罰化をもたらすのではないかという懸念は少なくない。

(2)　被害者参加に弁護人がどう対応すべきかを論じることは非常に困難である。言えることは被害者等が裁判に参加をしないことが，厳罰化を回避するためには基本的には望ましいということである。犯罪被害者が加害者である被告人に対して厳しい処罰感情，報復感情を持つことは自然なことである。自己あるいは親族が受けた生命身体的被害，精神的被害について悲しみ，怒りの感情をもつことは人間として当然のことだからである。

　しかし，そのことと法廷に参加して被害感情，報復感情を吐露することを望むかということは必ずしも一致しない。これ以上悲しい思いをさせないで欲しい，心を乱れさせないで欲しい，そっとして欲しいと望む被害者も少なくない。それもまた自然な感情である。この限度で弁護人の対応とは矛盾しない。弁護人は被害者やその親族と接触してきた。示談の成否は多くの犯罪について，執行猶予か実刑かの岐路であり，示談を実現させることは弁護人にとって最も重要な任務である。示談を成立させた経験を持つ弁護人は被害者参加を恐れることはない。示談は金額をめぐって決裂することがある。しかし十分な賠償金を支払えなくとも示談が成立することもしばしばある。被害者側が弁護人が資力の範囲内で誠意を尽くしていることを理解して，現実的な対応として，低額であっても示談に対応してくれるのである。示談が成立しなくとも，被告人側，弁護人が誠意を尽くしていると判断できるケースでは示談が成立していると同等の量刑がなされることは決して稀ではない。要は誠意を尽くして被害者側と交渉し，その経過を証拠に基づいて立証することである。示談にあたっては被害者側は犯罪事実についての弁護人の評価，あるいは被告人の認識状況，反省状況を問うてくることがしばしばある。被害者にも落ち度がある，過失がある等として争っている場合等は対応に苦慮させられることも少なくない。

私は事実をそのまま告げることとしている。事実は必ず露見する。ウソはウソを重ねるということをもたらし，事態をさらに悪化させるだけであると考えているからである。被告人が自己の犯した犯罪と十分に対峙できない状況であればそれを率直に示して，さらに弁護人の被告人に対する対応，被告人と弁護人のやりとり，手紙等を示すこともある。もちろんすべて被告人に告げて，その了解をとったうえでのことである。被害者等は納得まではいかなくとも，弁護人の被告人への働きかけを認識し，少しずつ理解してくれることも少なくない。誠意を尽くしても被害者の納得を得られず，示談を拒否されること，謝罪自体を拒否されることも少なくない。しかしそれは被害者側としては当然のことなのである。それでも弁護人は被害者側へのアプローチを続けるしかない。謝罪文の受領を拒否されても，警察の被害者対策室等に謝罪文を託することもある。

　私は2004［平成16］年11月に発生し，奈良地裁で死刑判決がなされ，被告人が弁護人のした控訴を取下げて確定した奈良県の小学生誘拐殺人事件において，ご両親の訪問を受けたことがある。被告人の謝罪文を私が警察に託したところ，受領を拒否され返却されてきたので，私がその謝罪文を公開したことへの抗議であった。抗議については私の説明に納得され，その後はご両親の悲しみ，怒りの吐露となった。私には聞き続けることしかできなかった。弁護人にとっても被害者の叫びを直接聞くということの意味は十分ある。被害者の思いを被告人に伝えることは犯罪と対峙することを被告人に求める私の立場からすると弁護人の重要な任務である。

　被害者参加に対しては，厳罰化への悪影響を防止するために，弁護人の被害者側に対する深い同情と誠実な対応を法廷で立証することが最も有効であると考えている。被害者参加人の感情的，情緒的対応による影響に対する抑止的効果が期待できると考えるからである。この立証は基本的には被害者宛の書面でなされることになろう。

裁判員制度と量刑

(1)　裁判員制度では量刑が厳しくなるかどうかということが議論されている。結論は種々であり，実施されるまで解らないというのが正直なところであろ

う。私自身は一般的な事件では多少量刑は厳しくなる，無期刑が多くなり，極刑はむしろ減少するという考えであったが，現在は少し意見が変わった。裁判所，最高裁は極刑の減少を懸念して，極刑基準を実質的に変更し（光市事件），下級審でも死刑判決が激増している。

　私はこれを，裁判員制度を射程に入れ，量刑相場を上げておくという思惑の結果だと考えている（全部が全部とは言わないが）。

　検察官も同様に死刑求刑基準を緩めて死刑求刑を増加していると考えている。これは厳密な分析によるものではなく，感覚的なものであるが，量刑相場を示すことによって裁判員の量刑意見を枠づけることを狙っているという私の考えは誤っていないと思っている。

　日本の国民の多くが裁判官の量刑が軽いという意見をもっているが，これは被害者問題に関するマスコミのキャンペーンによる影響だと思うが，現実に裁判員として事件に関与すればそのような安易な意見は消し飛ぶだろう。そこには生きた被告人がいるからであり，犯罪者と一口にいってもそれぞれの人生があり，家庭，教育，職場，地域の矛盾のなかでの病理現象として非行少年，犯罪者がつくられているという一側面があることに気づくからである。多くの場合に，社会がこの被告人をして犯罪者たらしめたという現実がある。その現実に眼をつむって，生命を奪ってよいのかという葛藤にみまわれるであろう。他方現実の犯罪の悲惨さを証拠という形でつきつけられ，被害者の悲しみ，怒りに直面させられる。被告人に対する安易な同情も許されないことも知る。そうすると勢い従来の量刑相場なるものに依拠するという傾向が強くなる可能性が高い。そうした意味で私は最近の「凶悪」事件の重刑化傾向を強く懸念している。

(2)　では，弁護人は裁判員制度において量刑問題にどのように対応すればよいのであろうか。

　従来の情状弁護活動と同様の対応が基本である。犯罪行為とそれに関する情状については徹底的に細部にまで関わることである。動機，目的等背景事情も含めて事実がすべてである。犯罪行為以外の被告人の生育歴を詳細に立証し，被告人にのみ責任を負わせることはできないこと，被告人の好人格の立証も欠かせない。犯罪行為以外のこれらの情状立証は従来の法廷では比較的軽視され

がちであったが，それでも詳細にこれらの事情を立証して，量刑相場を著しく下廻る判決を得ているケースもある。

　ここで注意しなければいけないのは，私は被告人の行為の経過を事実として指摘したのであって，弁解，エクスキューズとして主張したわけではない。被害者側の落ち度，被告人の真意は事実としての指摘にとどめるのが弁護人としての節度である。

　たとえば，先に紹介した事件は父子間の争いであり，息子の母である妻や姉妹の存在もあり，息子を一方的に非難することは適切ではなかった。しかし，このような関係のない場合でも，結果として人が死に，傷ついているのである。とくに被害者参加制度，裁判員制度のもとにおいては被害者側の過失，落ち度は事実としての指摘にとどめるのが妥当と私は考えている。弁護人として検察官の主張に対する反論，反証は明確にすべきであるが，それ以上弁護人からの積極的評価，押し付けはせずに，評価は裁判員に委ねるという対応が適切であると私は考えている。

　評議の場における武器としての証拠，事実を裁判員に与える。それをどのように駆使するかは，常識のある裁判員に任せる。説得の一歩手前の同調，共鳴で十分であり，雄弁はときとして反発を呼ぶのではないか。これが30年以上雄弁型の弁論を，原稿なしでしてきた私の現在の結論である。

　裁判員は被害者の処罰感情に基本的には同調しがちな市民であることを忘れはならない。事実として被害者の落ち度，過失を淡々と指摘するのにとどめておくべきである。評議で配布される量刑資料は事前に弁護人にも公開されるようであるが，量刑資料に引用されている判例は判決全文を入手し，徹底的に分析して重い判決については相違点を，軽い判決については類似点を指摘しなければならない。さらに弁護人は刑務所の実態を十分に知り，服役させることの意味を裁判員に考えてもらわなければならない。無期刑の現状，仮出獄の現状と受刑者の実態を告げて，量刑の現実的意味，意義をも考慮に入れて量刑すべきことを説くべきだ。厳罰化が現実に社会にもたらす悪影響をも指摘すべきである。厳罰化が社会秩序の維持，一般予防について必ずしも効果がないことを指摘すべきだ。自己が犯した犯罪を正面から受けとめ，被害者等の怒り，悲しみを自覚し，自分の生活史のなかで罪を犯すようになってしまった自己の弱さ

を自覚し、その意味で深く反省している者を寛大に処分することが社会全体の矛盾を緩和し、それが犯罪の抑止力となることも指摘すべきである。

　量刑相場は社会の現状維持でしかなく、裁判員が望ましい社会をつくりたいという視点から量刑をすることは裁判員制度の本来有すべき姿であることも付け加えるべきである。

（弁護士　髙野　嘉雄）

Comment

1　裁判所の量刑の実際

　裁判官が量刑をする場合、基本的には類似事犯の量刑データを引き出し、当該事案との違い、たとえば凶器の有無、犯行態様、怪我の程度、計画性の有無、動機の悪質性、被害者の落ち度の有無、犯行直後の救助活動の有無、謝罪や被害弁償の程度、被害者（遺族）の宥恕の有無などを比較検討して、おおよその刑期を定め、さらに検察官の論告や弁護人の最終弁論に照らして修正すべき点がないかを検討して、最終的な刑を決めている、というのが実際である。

　周知のように、法定刑の幅が広いために、被告人や被害者、一般社会が納得する刑を導き出す（犯罪の心理的事後処理説：吉岡一男「犯罪現象と刑事法」長尾龍一・田中成明編『実定法の基礎理論（現代法哲学第 3 巻）』［東京大学出版会，1983年］159頁）ためには、類似事犯との比較検討という方法によるのが予測可能性が高く、最も妥当と考えられるからである。

　たしかに、いわゆる量刑相場を基本とする量刑には、類型的で安易な量刑になりやすい、社会意識の変化を反映しにくい、という批判が可能である。

　しかし、類型的になるのは、覚せい剤自己使用事犯や、道路交通違反法事件のように大量の同種事犯が生じる場合にはある程度やむを得ない場合があり、そうではない場合に類型的判断に陥るのは、比較検討の分析が十分ではなかったことが原因と考えられ、量刑相場の存在そのものの問題とはいえない。また社会意識の変化は検察官の求刑や弁護人の弁論で指摘されることもあり、これまでも量刑相場に反映がまったくなされなかったわけではない。つまり、量刑相場との差異を中心に検討

する，という量刑の実態は，予測可能性がある点および裁判官の思い込みや主観的判断を避けられる点で，合理的側面があるといわなければならない。

むしろ，これまでの弁護活動が，種々の量刑要素を無整理のまま数多く主張立証するため，前記のような同種事犯との差異を際立たせる分析にまったく役立たなかったことが問題ではなかったか，と感じている。

髙野弁護士も強調されているように，弁護人が類似事犯との比較検討を徹底的にし，そこで重視されている要素とそうでない要素を分別し，重視されている要素に関係する事実の立証活動にとくに重点をおき，裁判官の分析に鋭く迫ることが重要ではないだろうか。

2　どのような事実が重視されるのか

髙野弁護士の担当された息子殺しの事案に関する紹介では，被告人が追い詰められていった過程が検察官主張のような平板なものではなく，時間の経過によって変化する複雑なものであったことが見事に立証されている。殺人事件の場合に，その動機は量刑上非常に重視される事実である。その過程が正確かつ納得的に立証されたからこそ防衛状況であったと認定されたものと考えられる。他方，誘拐殺人事件では村八分状態で苦しんでいた被告人の突発的な殺意のさまを控訴審は十分理解しなかったと述懐されているが，たしかにそのような側面が考えられるが，下着切断状況について，被告人に記憶がなかったというのであるからやむを得ないとも考えられる。その場合，客観的状況から立証しようとする検察官の構造を崩せなかった，という意味で被告人には不利な量刑となることは避けられない。

このように，たとえば殺人事件の場合，動機・目的，態様（凶器使用の有無），被害者の落ち度，結果の重大性，救命措置の有無，謝罪や被害弁償の状況などが重視されることかは間違いない。

これに対し，将来予測にかかる，再犯のおそれ，更生の可能性などは，長期の重刑が免れない事犯ではあまり問題とならないであろうし，反省の言葉を述べているかどうかも重大視されていないのが現状ではないだろうか。つまり，矯正可能性の有無の判断は，公判に提出された証拠のみによって正確に判断できる性質のものではないし，真の反省の言葉と表面的反省との区別は，ことが内心にかかることだけに，かなり困難である。

多くの重大事件の判決文で，矯正可能性の有無や反省の有無に触れているが，それが実質上どの程度量刑を左右しているか，は大いに疑問である。

納得のできる量刑は，できるだけ証拠で認定できる客観的事実に基づくことが望ましい。かりに，将来予測や内心の分析に重点をおくような量刑であれば，それが証拠による認定ではないだけに，裁判官の恣意的な判断ではないのか，という批判を免れず，量刑判断に対する信頼は著しく低下するであろう。

　また，更生可能性や反省について触れざるを得ない場合でも，その客観的内容あるいは実績を，弁論終結時までに証拠化できるように工夫する必要があることは髙野弁護士の指摘するとおりである。

3　被告人の生き直しの場との位置づけについて

　髙野弁護士が刑事裁判を単なる寛刑を獲得する場ではなく，生き直しの場としてとらえる，との意欲は，紹介にかかる拳銃奪取を目的として強盗傷人の事例によくあらわれている。

　徹底的に自己の犯した犯罪と向き合わせ，被告人側の思いも吹き出させて，その心境や考え方の変化を周囲に伝え，将来の生活に備えた環境調整をする，との弁護活動は敬服するほかはない。

　しかしながら，このような努力が上記事例で成功したように，いつも量刑に十分反映されるか，というと前述のような理由で必ずしも反映されるとは限らないのではないか。

　それは，何度も接見を繰り返し，被告人の変化を身近に実感できる弁護人と法廷で限られた時間，しかも法壇の上からしか被告人と対話できない裁判官との感覚の違いのためであって，それは，制度上やむを得ない限界というべきであろう。

　しかし，弁護士の更生に向けた努力は無駄ということにはならない。むしろ被告人やその家族，社会にとって，非常に評価できるものである。

　なぜなら，弁護人の活動は，公判廷に向けた努力だけに限局されるものではなく，捜査段階あるいは判決確定後の更生に向けた協力や指導を含むことがあり，その活動は再犯防止にきわめて役立つのであって，弁護人の活動が，単なる公判活動を超えて社会的意義を有する場合があることを示しているのではないだろうか。

4　被害者参加と量刑

　髙野弁護士は，できれば被害者参加は回避したいが，他方，被害者の気持ちを正しく被告人に伝えることは，被告人が犯行と正面から対峙するためには不可欠であると指摘されている。

私は，かねてから刑事裁判の真の当事者は，被害者と被告人ではないか，と考えていたので，被害者参加のための種々の立法はむしろ遅きに失したと感じている。
　抑制的に運用する応報主義が本来の刑事裁判の姿である。
　被害者ないしその遺族が感情的になりがちであるとしても，それは，ある意味ではやむを得ない側面であり，公判の平静を守るために，被害者参加を後退させるのは，本末転倒であろう。被害者の感情の激しさを直接聞いて，自分の犯行の重大性に気づく被告人も多いと考えられる。捜査官や弁護人，裁判官がいかに正確に被害者感情を伝えようとしても，生の声に優ることはできない。
　また髙野弁護士が指摘されるとおり，これまで以上に，被害者あるいは遺族との誠意ある対応が求められることも当然であろう。
　被害者の参加によって感情的判決がなされるのか，については両面から考える必要がある。一面は，その感情がきわめて正当と受け取られる場面であって，その場合は，重い量刑がなされる可能性が高いが，それは，被害者の声を反映していなかった従前の量刑が軽きに失した結果である，と評価せざるを得ない。他面，被害者があまりに感情に走り，それが行為の客観的状況とまったくかけはなれている場合には，正当な非難感情とは評価されず，量刑には反映されないことが多いと考えられる。
　被害者参加を認める立法例が多いことからも，被害者の参加はこれを避けるべきであるとする積極的理由はない，といえないであろうか。

5　裁判員裁判と量刑

　裁判員裁判における量刑がどうなるか，は髙野弁護士も指摘するとおり，やってみなければわからない，ともいえるが，わたしも必ずしも重罰化に結びつくとは考えていない。
　なぜなら，裁判員と裁判官の量刑評議は，冒頭に述べた裁判官の場合と同様に，量刑相場を中心に評議を始めることになり，量刑相場との比較検討が裁判官のみの場合より活発になると予測されるからである。裁判官のみの場合は経験に頼り十分な分析を怠る場合があり得るが，そのような経験がまったくない裁判員は，標準的な量刑に対して有利不利な事情をいろいろ述べあうことが多くなるのである。
　そうすると，裁判員の社会体験の相違から，いろいろ意見が出されることになるが，そのような分析的評議の場では，感情的，感覚的議論は無力となると考えられる。
　また，マスコミの論調に流されるおそれが指摘されることもあるが，単に傍観

者，評論家的立場で事件を考える場合と被告人に直面し，その言い分を聞きながら改めて事件を見直し，責任ある判断を迫られる裁判員の立場に立った場合とでは事態はまったく異なるのであって，髙野弁護士も述べられるとおり，裁判員がその葛藤に悩まされることは容易に想像される。そうすると，捜査機関の情報に頼ることの多い一方的なマスコミ論調が，裁判員や評議に及ぼす影響は小さいと考える自然である。

　韓国の国民参与裁判は陪審制度を基調としているが，重罪のみを対象としていること，量刑は裁判官と陪審員が一堂に会して評議するということなど，わが国の裁判員制度と類似する点も少なくない。

　その実情を紹介した論考（今井輝幸「韓国における国民参与裁判の現状」刑事法ジャーナル15号［2009年］65頁）によれば，昨年1年の参与裁判の事例をみると，かえって温情主義的判決ではないかと批判が生ずるくらい，求刑に対して軽い判決が多い，という結果が報告されている。司法の歴史や社会風土の違いがあることを前提としても，刑事裁判への国民参加が必ずしも重罰化に直結するものではないことを示しているといえるのではないだろうか。

（元裁判官　安原　浩）

❖ Topic 3　被害者参加制度

1　被害者参加制度始まる

　裁判員裁判導入を目前にして被害者参加制度が始まった。

　先日行われた，まだ数が少ない被害者参加制度を利用した裁判を初公判から判決まで傍聴し，改めてこの制度について考えたことを整理してみようと思う。

　2009年は刑事裁判の大きな変革時期にあたる。

　裁判員裁判が開始される年でもあり，被害者参加制度を利用して被害者が積極的に刑事裁判に関わるようになる最初の年だからである。

　これにあたり，さまざまな施策がすでに開始されているので紹介をしたい。まず，刑事訴訟法47条の規定にあるような公判前に公にしてはならないという部分に抵触しないようなかたちで被害者には事前に検察側の証拠を開示するような通達が出ている。被害者参加人として裁判へ参加しようと思っても，どのような証拠が出されるか判断できなければ質問や意見も出せない。だから被害者等には事前に説明しようという意味である。これにより被害者が刑事裁判に対する理解がより深まるようになったことはよいことではないかと考えている。

　しかしながら，被害者が刑事裁判で背負う責任もかなり重くなったのは間違いのないところで，検察に加えて被害者がどのような姿勢で公判を乗り切るかが1つの鍵となって来た。

　刑事裁判は検察が起訴した内容について有罪か無罪かを判断し，有罪であれば量刑を決める手続きであるが，被害者側は事実関係には関わらせず情状内容について限定して関わることになっている。

　裁判員裁判対象事件の被害実態はかなり重篤で，だれしも重い悲しみを背負ってきているだけに，その内容をどれだけ公判で訴えられるかは被害者にとってさらなる課題である。

2　変わる公判

　最近の検察側の方針では裁判で被害者の生い立ちから被害に遭い，とても悲惨な人生であったことを公判でわかりやすく立証する傾向が強くなってきている。犯罪被害の事実は変わりがないのだが，被害者の悲しみを共有しようという傾向は注目に値する。まさに被害者とともに泣く検察である。

Topic 3

　どのような立証が行われるようになったかというと，被害者が生まれてから被害に至るまでの人生をまるで結婚披露宴で流すビデオのように写真で美しく流すものが1つの流れとしてあり，あと1つの流れが被害に遭って無惨にもその人生が浮き砕かれた情況を映し出すものがある。とくに後者においては，遺体の写真を多数使う傾向や殺害状況を克明に再現した画やコンピュータグラフィックスによりかなり詳細な事件現場の再現がなされる傾向がある。

　2008年に東京都江東区で起きた女性殺害事件の公判では，このような検察側の立証について被害者が耐えられなくなり傍聴席から出て行く姿が見られたと言う。もともと刑事裁判において遺体の扱いは問題となってきたことが多い。司法解剖記録や警察の鑑識による現場写真などがそうであるが，常識的な感覚では正視できないほどの内容で，被害者の多くはこの記録を見たことで心的外傷がさらに悪化した人が多い。

　裁判員のなかには被害経験者も含まれているが，現在の傾向ではこのような残酷な映像を制限するような傾向はなく24時間電話サポートはするものの裁判員の責務として受け止めなければならないようである。これに対して最高検察庁は2009年2月17日になって裁判員制度に向けての捜査や立証についての基本方針をようやく公表した。犯行の残虐性を立証する目的で，遺体の写真を示す必要性を認めたが，裁判員の心理的負担や被害者，遺族の心情に配慮するため，予告したうえで，傍聴席からは見えないような工夫も求めている。

　さて被害者参加人は公判の情状部分で被告人へ直接質問をしたり求刑に似た意見が述べられることが可能になったが，その手続きは検事が裁判長からその都度，質問や発言の趣旨を説明して許可を得て始めることになっている。私が傍聴した裁判でも柵のなかで検察官の隣の席にいる被害者の兄が被告人に対して謝罪に来たときの模様を質問し，被害者の妻は検察側の求刑に対して意見を陳述する場面が見られた。旧来の被害者による意見陳述も残されており，この裁判では被害者の母親が傍聴席から柵のなかに入り証言台に立って意見を述べた。

　公判で今までの裁判と大きく違う印象を受けたのが，被害者の座る位置である。規定では被害者の座る位置は運用に至るまでに，あまり明確に定められていなかったのだが，実際の裁判では検事の隣や後方に座る設定になっていた。このため，質問や意見を述べる場面が近づくと席を入れ替え，その都度検事と被害者が相談する時間を取るような状況が何度かあった。今回は被害者支援の弁護士も2人付き添っていたが，それぞれに被害者とペアを組み，席を入れ替わ

るといったことになっていた。

　被害者の補佐をする公的弁護人制度は今回の被害者参加制度でどのような位置づけになるのかを考えてみると，被害者が希望すれば刑事裁判で有罪となった場合「損害賠償命令」を下す審理も選ぶことができるようになるが，このような場合に被害者側の弁護人が不可欠であろうと思う。しかしながら被害者参加制度においては検事ができるだけ丁寧に被害者とコミュニケーションを取り訴訟進行をすることになっているので，実態において弁護人が登場する場面はかなり少ないように思う。

　そもそも被害者参加制度は被害者の選択で情状面での立証に必要な限度を決めて質問や意見が述べられることになっており，そのために申請手続きを取ることとなる訳だが，公判段階に至るまでの間に加害者からの謝罪が充分ではなく，あまりにも双方のギャップ大きいために被害者側が感じる不条理感が大きいことに原因があるのだと思う。今回傍聴した公判でも被害者側が繰り返し被告に謝罪の意志はあるのか，その気持ちはどうして伝わらないのか尋ねていたが，この温度差は裁判前に関係者の努力によりある程度埋められるかもしれない。

　一般的に被疑者被告人として見てもできることならば謝罪の意志を示したいという場合もあるのではないかと思うのだが，残念なことに現在の司法手続きのなかでは解決する方法が多いとはいえない。被害者側が感情的に許せないと感じるのは法廷で被告側が自らの権利利益性の確保にばかり目が行くところにある。もちろん否認事件や一部しか認めない場合においてはなかなか問題解決までの距離感があるのだが，事件について事実関係に争いがない場合はある程度双方の意思を早めに解決したほうがよい場合もあるかもしれない。

　生命がなくなるような被害を受けた場合，どのような謝罪をされても被害そのものの回復はしないのだから，あまり双方の立ち位置に関わらないほうがよいという意見もある。
　しかし被害者は戻らなくても遺族はこれからの生き方を確認する意味でも早期に回復をしたほうが良いと考える。被疑者の権利利益性にこだわりすぎず誠意ある気持ちの伝達が進められたら加害者，被害者双方の心的負担は軽減されるのではないかと考えている。
　被害者が感情的になりすぎるので法廷が報復の場になるのではないかという危惧もあったが，これまでのところほとんどそのような心配はなかったように

思う。

　被害者側の心理としては，もし自分たちが感情的になることで裁判が不利益に進み，結果として後悔が残るようでは元も子もないといった配慮もあるのかもしれないが，実際には検察官が上手く支えて公判を進めてくれているのだろうと思う。

　被害者のなかにも法廷で仇討ちをしたいと言う気持ちの人もいるかもしれない。過去には法廷で被告人に殴りかかったり罵声を浴びせた事件もあった。また被害者参加制度が導入され，実際に被害者が裁判の進行への関心が高まっているなかで，証人として出廷した被害者に対して被告人から暴言を浴びせられた事もあった。この事件は施行わずか1ヶ月以内に起きた訳だが，かねてから予想されていたように法廷での2次被害が起きてしまったともいえる。

　被害者側が刑事裁判に期待するとして，真相究明と加害者への社会的責任の追及があるのではないかと思う。起訴有罪率がほぼ100%に近いとされるわが国だが，検察側が求刑をした量刑範囲と比較してそのままという場合はむしろ少なく，略式裁判で罰金刑となる場合も含んでの数値なので，わが国が厳罰大国だという見方は正しいとは言えない。

　このようななかで裁判員制度の導入とともに公判段階で事実認定がより慎重に配慮されていくのは大変好ましいことと考えているが，量刑に相当する部分では被害者側の心情などを法廷で客観的にわかって貰えるような裁判進行が今後増えていくのではないかと考えている。

　被害事実は歴然としており，被害者の悲しみはどのような刑罰に問われようとも変わりはない訳であるが被害者もその存在を軽く扱われたくはないと考えている部分で方向性は一致している。検察官は被害者の分まで法廷で被告の責任を追及することになる訳だが，ここで忘れてはならないのは推定無罪の原則である。今回，法務省は最高検察庁の通達で被害者等に対して検察官が公判で明らかにする予定の証拠を起訴後であれば閲覧できるようにしたが，この際に検察官から証拠の内容についてはもちろんだが推定無罪についても充分な説明がなされるべきである。もしも判決が無罪となった場合，被害者が一旦持った応報感情はどこに着地するのか解決点が見い出せない。

　被害者の悲しみはずっと消えるはなく，このようなやり場のない苦しみを与えてはならないのだろうと思う。

3　今後に望む

　裁判員制度は民主主義社会のなかで市民が司法に参加する権利をもったという意味ではきわめて大きな意義があると考えている。その効果は犯罪抑止的な側面はもとより社会が被害者に対する視点を新たなものにするものと期待している。

　多くの裁判員が刑事事件に触れることで警察や検察の捜査や立証方針が問い直され，確認をされることでこの国の刑事システムへの信頼性がより増すことは間違いがない。しかし，被害者が刑事裁判に参加をするようになってから時間も浅い今日で，これほどまでに裁判員制度と被害者参加制度を接近して導入する必要があったかどうか大いに疑問を感じている。

　ことに，犯罪被害者への事件直近からの支援がまだまだ整備されていない現状のなか，被害者が幾度も事情を聞かれたり，そのための手続きに追われて右往左往するのはさらなる　負担である。今回の被害者参加制度導入では，そのような被害者支援への基盤をより確実にすることが期待されている。まず警察での事情聴取に支援者が立ち会うのは当然のこと，裁判前に加害者との折衝がどのように行われるかなど，具体的に解決すべき点は山積している。現在の犯罪被害者支援が警察の支えによって活動を広げている現状を踏まえると，今後救急救命を所管する消防庁が緊急の被害者支援を行っても良いはずである。捜査方針と被害者支援のバランスに疑問を感じる被害者も多いなかで捜査とはまったく異なる機関により被害者支援策を進めたほうがより信頼を得やすいかもしれない。

　刑事裁判は1つの通過点でもある。被告人が無罪か有罪かを判断され量刑も決まる訳だが，被害者と加害者との関係においてはこれが終着点ではない。その後，更生を経て社会内でどのように共生していくかが本当の課題である。

　現在の被害者参加制度はそのような長期的視野に基づいての導入とは思えないが，矯正施設や社会内処遇において被害者の希望を取り入れた更生を強く期待している。

　その後に再び問題解決へ向けたアプローチを新たに求めてもよいはずではないかと考えている。

（被害者と司法を考える会　片山　徒有）

6

責任能力

(読売新聞2005年2月4日付号外)

Case　　金 岡 繁 裕
Comment　　本 庄　 武

金岡　繁裕　—KANAOKA Shigehiro—

　　1980年　京都府 生
　　京都大学法学部中退
　　現在，弁護士（愛知県弁護士会）

裁判員になるあなたへ

　本文中では「責任能力」の裁判員裁判に否定的な考え方を示しました。裁判員裁判に対する考え方は人それぞれで，とくに裁判員になってみたいと考えておられる方には，私の意見にうなずけるところもあれば，そうではないというところもあるでしょう。

　近い将来，この問題に関わる立場に立たれたときには，刑事裁判が「私の視点，私の感覚，私の言葉」で済むような生やさしいものではないと覚悟して望んでいただければ幸いです。

本庄　武　—HONJO Takeshi—

　　1972年　福岡県 生
　　一橋大学大学院博士後期課程修了．博士（法学）
　　現在，一橋大学大学院法学研究科准教授

裁判員になるあなたへ

　私は責任能力制度とは，刑罰が国家のむき出しの暴力装置とならないための防波堤だと考えています。心の病を適切にケアできる人に巡り会えなかったなどの理由で，犯罪を止められなかった人が現に存在するというのが，経験的に確認されてきたことなのです。その人たちを処罰で責め立てるのは生産的ではありません。人間の脆弱さを理解し，仕方がなかったねと許すことが，本当の意味で人として尊重することにつながるのではないでしょうか。

Case 6

「通り魔」なのか病気なのか？

「通り魔」事件

(1) 事件のあらまし

　数年も前になるが，愛知県安城市で発生し，「通り魔」事件として全国的に報じられた事件がある。午前10時すぎという昼の時間帯，中堅総合ストアの2階で，母親に連れられ乳母車に乗っていた乳児（当時，生後11ヶ月）の頭部を頭上から包丁で突き刺し殺害したというもので，包丁の刃先は顎にまで貫通した。

　犯人とされた木村和男（仮名）は，当時30代半ば。自転車窃盗等の罪で服役した後の仮釈放中に，この事件を起こした。直後の報道によれば，木村は，「『自殺しろ』と雑音が聞こえたなどと一部意味不明の発言をしている」「『人を殺せ』『死ね』などというお告げが聞こえていたと説明している」等とされ，精神病を患い，これが事件に繋がった可能性もあわせて浮上していた。

(2) 裁判の経過

　裁判では，木村の責任能力が中心的に問題となった。つまり，精神病を患っていたかどうか，患っていたとして，そのことにより事件当時，ことの善悪の判断がつかなかったり，善悪の判断に従った行動が取れなかったりする事情があったかどうかが問題となった。これを「責任能力」の問題といい，無罪，もしくは刑を減軽しなければならない事情となる。

　1審では，検察側から「完全責任能力」の簡易鑑定が提出され，木村は何らかの精神病を患っている可能性はあるが，善悪の判断はできたし，これに従った行動を取ることも概ね可能だったとされた。

　他方，弁護側では「責任無能力」（善悪の判断もつかないし，判断できたとしてもそれに従った行動はできない）とする鑑定を提出，裁判所が実施した鑑定では

「限定責任能力」（判断能力や判断に従う能力が著しく不十分である）との結論となり，裁判所は最終的に木村を限定責任能力と判断した。

　無罪にはならず，殺害直前に包丁を盗んだこと，殺害直後に別の女性らを蹴りつけるなどしたことと併せ窃盗・殺人・傷害の各罪に問われた木村には，懲役22年が言い渡された。木村は，責任無能力による無罪を主張して控訴したが，控訴は退けられ，現在事件は最高裁判所の判断を待っている。

(3)　私の関わり

　私は，この事件に捜査段階から関与し（後述するように，弁護人になるまでには，やや経緯がある），1審から最高裁までのすべてで弁護を引き受けている。

　また，木村が1審の審理中に，証言中の証人を殴りつけるという傷害事件が発生し，この傷害事件の弁護についても，同様に最高裁までを引き受けた。

弁護を引き受けたこと，その想い

(1)　捜査段階から弁護を引き受けたこと

　①　事件が発生した安城市は私が日ごろ仕事をしている地域ではない。

　そのため，事件が発生して最初に面会に赴いたのは，その地域の弁護士だった。しかし，その弁護士は，木村から色々と話を聞き，「盗め盗めという幻聴があり（突き刺した）包丁を売り場のケースから出した」「殺せ，刺せ，やっちゃえという声がして，子どもの真上から包丁を振り下ろした」といった幻聴の影響が事件当時にあったことを確認したものの，「本人からとくに希望がなかった」として弁護を引き受けなかった。

　全国的に報道された重大な事件であり，弁護士会はさらに別の弁護士を翌日に派遣したが，この弁護士も概ね同じように対応して，弁護は引き受けなかった。

　そして，やはり早い段階から弁護人がいたほうがよい事件だろうということで，弁護士会から私に面会に行くよう依頼があり，私が面会に赴いたという流れである。

　②　私は，どのような事件であれ捜査段階から弁護士が付くことが望ましいと考えている。まして，今回の「責任能力」のように本人の有罪無罪を左右する事情がある，難しいところのある事件ともなれば，

・　法律が保障している権利を説明し，
　　・　警察官が無罪に繋がる事情を否定しにかかることを説明し，
　　・　取調官があの手この手で「自白」を迫ることを教え，
とにかく本人が自分の言い分を貫けるよう支援しなければならない。逮捕・勾留した上での捜査は基本的に最長23日間だが，その間に弁護士がなすべきことは山ほどある。

　③　考えてみて欲しい。この事件は，世間的には「通り魔」事件であり，仮釈放中の木村がまたも犯罪に走ったという厳しい目にさらされる。警察が，世間の非難や被害者遺族の思いを受けて，木村に厳しい刑罰を科そうと目指すことはわかるだろう。

　木村は「刺せ」等の幻聴があったなどと述べていた。これは見方によっては弁解がましく，そのようなことを述べること自体が非難されかねない。通り魔が幻聴を口にしている等と報じる新聞報道を読めば「また，その手の言い訳か」と思われる方もおられるだろう。

　力を入れて取調べに臨む警察が，そのような幻聴を言い訳以外の何物と見るはずもなく（残念ながら，精神障がい分野に知識のある警察官はどれほどもいない），そのような見込みに従い幻聴という「言い訳」を木村にさせないように取調べを行う…露骨に言えば，「これこれという動機があり，刺し殺しました」「幻聴はあったが事件とは関係がありません」という理解し易い自白をさせることは，このような事件では取調官の当然の目標になる（と，少なくとも弁護士は考えておく必要がある）。

　④　したがって，このような精神障がい者である可能性のある木村の立場，「通り魔」事件という事件の性質を考えると，そこに弁護を引き受けないという選択肢はないし，もし木村が「弁護士はとくに希望しません」というのであれば，どうして希望しないのかをじっくり聞き，弁護士の役割り，木村に弁護が必要なことを説明し，翻意を促す。弁護士の支援なくしては，23日間，自分の言い分を貫くことなど不可能に近い。

　私は弁護士になる前，ある弁護士からお話を聞く機会があり，まず最初に「3日あればみなさんに〇〇罪の自白をさせる自信があります」と言われたことを今でも覚えている。なるほど，弁護士になると，取調べはそのようなもの

だとわかる。孤立無援，まして精神障害があるとなれば，木村を守る必要がある。

　⑤　たしかに弁護自体が大変だと言うことは想像できる。熱心に取り組むほど赤字がかさむことも想像できる。事実，この事件で私は，3日に2回は名古屋市から隣接する安城市の警察まで通い，膨大な捜査記録に取組み，弁護側の独自の活動による赤字は100万円に至ることになる。しかし，このような負担を理由に弁護をためらうくらいなら，そもそも刑事弁護に手出ししない方がよいだろう。

　だから私は，2人の弁護士が何れも弁護を引き受けずに戻ってきたという経緯を聞き，驚いたし，呆れもした。木村がどのような思いでいるかはわからないが，必ず引き受けなければならないと思い，面会に行った。そして，初めての面会で，これまで述べたような色々なことを説明すると，あっさりと「弁護をお願いします」と言われた。

(2)　**傷害事件の発生と弁護**

　1審の途中，事件を目撃した女性が証人として呼ばれ証言台に立ったが，まもなく木村が証人の女性を背後から殴りつけるという事態が発生した。

　木村の説明では，女性が法廷で木村を一瞥しただけで「乳児を刺した犯人に間違いありません」と述べたことが，ものすごくいい加減な態度に見え，かっとなった衝動で手を出してしまった，という。木村は，乳児を刺したことを認めており，このような証言に腹を立てる筋合いにはなかったにもかかわらず…。

　私は，殺人等事件のほうで，捜査段階から，木村が統合失調症に罹患し，それもさまざまなかたちで症状に影響を受けている状況にあると判断し，慎重に捜査すべきこと，少なくとも簡易鑑定ではなく，数ヶ月をかけて丁寧な精神鑑定を行うべきことを検察庁に申し入れ，結論として木村に対しては刑事処分ではなく治療が優先であると主張していた。

　結局，このような申し入れはどれ1つとして顧みられることなく，拙速に起訴された木村は治療を受けることもなく，拘置所に入れられたままに，この傷害事件に至った。私の目には，治療を優先しさえすれば，このような傷害事件は避けられたと映り，そのためにも，この傷害事件を理由に木村が処罰されることを何とか防ぎたいと考え，弁護人を買って出た。

　細かく言うと，傷害罪の刑事事件のほかに，法廷等の秩序維持に関する法律

違反という，要するに法廷で暴れたことに対する裁判所による制裁手続が事件となったが，どちらも，弁護人が提出した統合失調症の影響による限定責任能力という鑑定をまったく無視し，ただただ懲罰的に終わっていった。後で述べるが，精神障がい者の治療を受ける権利も，精神医学による専門的意見も，見事に無視される事態が普通に起きる。その事件自体の悪質さや被害結果の悲惨さに裁判所も目を奪われ，引きずられるのだろう。刑事裁判は何より刑事被告人のためにある。刑事被告人の本意の裁判となるよう，力を尽くさなければならない。

弁護の目標

(1) 早期医療の実現

① 木村の殺人等事件について，刑事弁護人としての目標は無罪の獲得になる。たしかにそれはとても重要なことだが，もう1つ，私が目標にしていたのは，少しでも早く木村に治療を受けさせたいということだった。

捜査段階の面会時にも，木村に幻聴があることは木村から聞かされていた。裁判はいつでもできるのだから，治療を優先させるべきであり，裁判を優先して精神状態が悪化することは治療機会の否定に等しいと考えていた。

裁判が始まってからは，事態はさらに深刻になり，木村は多様な妄想，病的な思い込みを来すようになり，事件当時はスパイに狙われていたとか，乳児を刺した記憶はないなどということを言い出すようになった。私がお願いして協力を得た医師は，これが統合失調症の症状によるものであり，裁判を停止して治療をすべきだとの意見書を書いてくれた（もちろん，裁判は停止されなかったが）。また，最終的に選任された裁判所の鑑定人も，このような木村の言説を妄想状態によるものと判断し，投薬治療により妄想を取り払い，その結果，木村は再び，以前と同じように乳児を刺した記憶を取り戻し妄想的な言説は消失した。

② 後々，この種の問題に理解ある人から，「怪我人が血を流すのは目に見えるが，精神病にかかっているときは血を流しているのが見えないようなものだ」という趣旨の指摘を受けたが，まさに問題の本質を突いていると思う。

治療を受けることもなく拘置所で身柄を拘束され，裁判に出頭させられる木村は，目に見えない血を大量に流し続けていた。もし，頭からどくどくと血を流す刑事被告人がいれば，裁判を停止して治療を受けさせることは間違いない。しかし，木村の場合，精神病が悪化しているとの医師の意見書が出ても，裁判所は裁判を停止しようとはしなかった。もっと遡れば，捜査段階で慎重な医学的検討がなされ，治療がされていれば，病状悪化もなかったのではないか。
　精神障がい者が刑事被疑者・刑事被告人になったときに，治療の必要性が理解されないことが人権侵害であり，その結果，本人はもとより，ときに本件のように周囲にまで累が及びかねないということの理解を得る必要があった。
(2)　木村の心理状態をありのままで保存すること
　①　責任能力とは，事件当時の心理状態に関する議論である。
　そのため，時間が経てば立つほど，真実がどうであったかを探ることは困難になる。事実，この事件では，裁判所による鑑定が実施されたのは事件から1年半以上も後のことであり，その段階で木村から聴取できたことを手がかりに鑑定人が事件当時の心理状態を推測するには限界がある。
　逆に言えば，事件直後の木村の，何も圧力をかけず得られる供述がとても重要な意味を持つ。
　しかし，実際には警察官が十数日をかけて取調べをし，言い訳を認めず，最終的に警察官の言葉で木村の物語を書き上げる（これが「供述調書」というものである）。事件当時の精神状態を知る上ではまったく役に立たないどころか，これを裁判官が間に受けでもした日には誤解を招くだけである。ボソボソと「多分そうだと…」と答えただけでも，ハキハキと「この日，私はここからここへ行きました」と書き換えられる。それは，事実かもしれないが，木村のありのままの言葉ではない。
　弁護人としては，木村のありのままの説明が保存され，少しでも事件当時の心理状態に近づけるよう，努力する必要がある。
　②　これに対し，先に述べたように厳しい刑罰を目指し，言い訳を許さないことに囚われる警察官にとっては，いかに警察の見込みどおりに供述させられるかがすべてである。
　木村の取調べにあたった取調官は法廷で，刺した理由をあいまいにしか言え

ず「殺すつもりで刺した」と認めない木村に対し，「殺すつもりで刺したのだろう」と迫り続け，これを否定することは「反省がないと言うことだ」「反省しろ」と脅したことを認めたうえで，そのように脅したことは警察の見込みに沿うものであったと証言した。

　真実，精神病の影響により事件を起こしたのだとすれば，そのときの精神状態は自身では十分には説明できまい。木村が，裁判所の鑑定人に対しても，「頭が真っ黒になった」（その間に刺していたことになる）という一風変わった表現で当時の状態を説明していることは，そのよい証拠であり，木村本人にも説明し得ない何かがあったわけである。

　十数日，自分にもよくわからない当時の心理状態について説明を迫られ，わからないからあいまいな説明になるが，それを信じてもらえない。「あいまいなことを言うな，嘘をついているんだろう，包丁で頭を刺したんだから殺すつもりだったに決まっている」…こんなやりとりが何十時間も続いたことは，警察官の証言から察しがつく。常人にも耐え難い。

　③　私が弁護人に就いて以降，木村は，警察官の取調べによる調書の作成は拒むようになったが，検察官の調書作成には応じてしまい，それらには，後の専門家の鑑定からすると，木村には語り得ないはずの心理状態も多数，書かれていた。

　精神科医や弁護人が聞いた内容とはかけ離れた供述調書が作成され，警察の取調べではこのように説明した。弁護人や医者に対してはウソをついて違う説明をしている。こうなると，何が木村の心理状態だったのか，事態はますます混乱する。

(3)　医学的な議論を尽くす必要性

　①　責任能力が問題となる裁判というと，一般の人から見れば，精神医学が飛び交う難しいことをやっているという感じに思われるかもしれない。たしかに，この事件でも3つの鑑定が提出され，すべて結論がバラバラということで，精神医学が飛び交ってはいた。

　しかし，最終判断を下すのは裁判官であり，裁判官も精神医学に関しては専門家というわけではない。そうなると，どの精神科医の理論が正しいかということを裁判官が決めるには限界があるので，勢い，裁判官の最終判断は，その

裁判官の専門とする，裁判官が経験してきた世界からの得られた経験や常識に拠り所を求める傾向が強くなる。

　たとえば動機が「合理的」である，あるいは「理解できない」と，裁判官は経験や常識から考え，結論を導いていくことがある。「自殺しようと思って家に火をつけるのは，理解できなくもない」とか，「極端すぎて理解しづらい」とかいうものである。

　しかしこのような判断からは，精神医学の世界から見ると，ときに驚くほど非常識な結論が飛び出す。ある精神病を患う人が，あるとき抱いた考え方が，精神病に影響された結果なのかどうかは，それが世間の常識に合うかどうかとは関係ないはずだが，そのあたりも混同され，世間の常識に合う考え方だから病気は関係ないなどという結論に飛躍するようなことにもなる。

　②　この事件でも，たとえば木村が事件後，血液の付着した衣服を脱ぎ捨てたことが，罪の意識から来る行動であるとして，事件当時，精神病の影響を強く受けながらも，正常な部分も一部に残っていたことの論拠とされた（控訴審裁判所）。

　ところが，実際にはさらにその後，木村は駆けつけた警察官らがいる方向へふらふらと歩み寄っていく行動をとり，裁判所の鑑定人も，この行動は病気の影響が残っていたことによるものと考えている。控訴審裁判所は，この行動を「方向を変えると却って警察官に怪しまれるかも知れないと考えた結果かも知れない」と述べたが，このような心理は，木村自身はもちろん述べていないし，鑑定に携わった医師もだれ1人聴き取っていないし指摘もしていない。したがって，このような控訴審裁判所の判断は，結論の当否はさておき，少なくとも医学的な議論を無視して，裁判官の常識により判断してしまったことになるだろう。これでは，何のための鑑定か，ということにもなる。

実際の弁護活動

(1) **捜査段階**
　①　捜査段階の目標は，すでに述べたように，木村の事件当時の認識をありのままに保存することと，早期治療の実現にあった。事件当時の認識をありの

ままに保存でき，それを正しく精神科医が検討すれば，検察側が起訴を断念し，医療観察法等の治療手続に進むこともないわけではないと考えられた。

そのため，私が弁護人について以降は，とにかく供述調書というものの作成には応じないように木村に助言し，3日に2回の接見の都度，そのことを念入りに確認した。

事件当時，精神病の影響にあり，自分でもよくわからない行動をとっている木村に，「ああではないか」「こうではないか」と誘導して質問していくと，木村も「ひょっとしてそうかもしれない」と考えが変わっていってしまう危険があるため，取調べを止めろとまではいわないが強圧的なやり方は止めるようにとの警告書も複数回，警察に送った。

② とは言っても，木村の病気を考えると，弁護人が同席できない日本の取調べ制度のもとでは，木村の当時の心理状態を，ありのままに保存することはおおよそ達成し得ない課題であった。

私の対策は，面会室にビデオを持ち込んで，自分と木村の遣り取りを録画し，将来，これとまったく違った話になっていくなら，証拠として利用しようという工夫程度だった。

③ 捜査段階で検察側が実施した鑑定は，警察が作成した供述調書を鵜呑みにして，木村の精神病も「何らかの精神病にかかっている可能性がある」とするに止める杜撰なものだった。

何とか正式な鑑定を行うよう申し入れ，そちらの治療や医学的見識に期待したかったが，これもいれられなかった。

(2) 裁判段階

起訴されてからは，弁護側でもかなりの時間的余裕ができ，また，捜査資料も見ることができるようになるので，独自に鑑定を実施することにした。

率直に言うと，先ほど説明したような裁判官の常識による判断に任せることは，弁護人の立場からは，結局裁判官の匙加減1つで裁判の結果が左右され，それこそ無罪か数十年の服役かという大博打を打つことになるので，その点でも好ましくない。精神医学的な議論をきっちり法廷に持ち込み，それを1つの基準として議論をすることが，正しいし，手堅く望ましいやり方だと確信している。

もっとも，この事件では，弁護側で鑑定を実施しようとしている最中に，被告人が症状をどんどんと悪化させ，過去の記憶を妄想によって塗り替えていくという症状が強まったため，肝心の刺したことさえわからなくなった木村を対象にした鑑定を行うほかなくなった。

　私は，このような症状悪化が医学的に判断された以上，治療すべきだと主張した。これは，木村の治療を受ける権利に加え，治療して妄想の進行を何とかして貰わなければ，刺したときの精神状態など鑑定できないという弁護上の問題でもあったが，とうとう裁判所の採用するところにはならなかった。

　後々，裁判所の鑑定人も同様に，治療が必要な状態であること，治療しなければ正しい鑑定はできないことを認め，治療のうえで鑑定作業に着手することになる分，このような経過をみるにつけ，弁護側が不当に不利に扱われたという不満はとても強い。弁護側の鑑定結果（責任無能力を言うもの）が信用されず，裁判所の鑑定結果（限定責任能力を言うもの）が信用されたことは，どのような状態の木村を鑑定の対象にしたかと言うことも大きく関わっていたからだ。

(3) 小　　括

　この事件は，先に述べたように事件の途中で木村が証人を殴る事件が発生したり，3人の鑑定医をそれぞれ尋問したり，取調官が出廷して木村の取調時の様子を（問題がなかったという方向で）説明したりと，この種の事案のなかでもやや複雑なものだった。

　それだけに，弁護人として闘ったことが何かといわれると，沢山あるということになるが，あえてということで以上の2点をあげた。

　時代の先取りと自惚れる気はないが，裁判所も精神医学の議論を尊重しなければならないという方向性，また，できるだけ事件当時の精神状態のありのままを保存し，きちんとした精神鑑定が可能になるようにするという方向性は，何れも，現在，認知され強まりつつある流れである。この事件の裁判が，こういった時代の過渡期にあったことも災いして，検察側の鑑定こそ否定できたものの弁護側の鑑定を信用させるところまで届かないでいるのは何とかしなければならないが，ともかく私の弁護はここに書いたとおりである。

裁判員裁判では…

(1) 裁判員の判断にはなじまないと思うこと

① 裁判員裁判においては，責任能力の判断も裁判員が加わって行われる。このことについては賛否があり，2008［平成20］年に全国各地で行われている，責任能力が問題となる模擬裁判を巡っても，裁判員役での参加者の感想，報道，関わった弁護士の感想は一様ではない。最も根本的なところでは，「裁判員には精神鑑定など理解できないのではないか」という意見と，「わかりやすい鑑定を心掛ければ裁判員も必ず理解できるはずだし，理解不能な鑑定をやっていてはいけない」という意見が対立するほどである。

② 私は，率直にいうと，この問題にはかなり悲観的な意見である。

第1に，精神鑑定を正しく理解することは難しい。基本的な知識を勉強しないと議論についてこられないだろう。ついてこられないなら，専門家の鑑定の結論を鵜呑みにするか，裁判員なりの常識・感覚で結論を出すしかないが，どちらも困りものである。

第2に，責任能力制度を正しく理解することも難しい。われわれ法律家は刑法理論を勉強し，制度を理解するが，このような勉強の機会も提供されない裁判員は，内心で責任能力制度に割り切れない思いを抱きつつ裁判に加わる可能性が残る。無罪かどうかで迷ったとき，この割り切れない思いが，無罪を回避してしまうのではないかと危惧する。

第3に，上記とも関わるが，市民の多数決は精神障がい者の人権保障になじまないという根本的な問題もある。

(2) 裁判員制度における弁護

このような考え方を踏まえると，責任能力が問題となる事案における弁護活動は，非常に困難な見通しを持たざるを得ない。

しかし現実には，裁判員が判断に加わる。

そこで，私はまず，冗長と言われようと裁判が長引こうと，基本的な知識について裁判員が習得する環境作りに努めたい。

次に，多くの事案で専門家の鑑定が活用されるだろうから，弁護側でも専門

家の意見を活用する。これまでは費用のことなどもあり弁護側で独自に専門家を起用することは少数だったが，それでは防御に万全とは言えない。

さらに，鑑定の資料についてはこだわりたい。裁判員に期待できることがあるとすれば，公平さに対する敏感さかもしれない。捜査終盤の取調べ録画が不公平な資料であること，捜査初期の状態を保存できる警察がそれを怠ったことの不公平感は，被告人のための武器となる可能性を秘める。

制度がある以上，当面，これでやっていくしかない。少しでも被告人の権利保障がまっとうされるよう工夫を積み重ねることが求められている。

（弁護士　金岡　繁裕）

Comment

1　責任能力という問題の特殊性

裁判員制度とは，市民の社会常識を反映させることで刑事裁判をよりよいものにするために導入されたものである。この狙いは，有罪か無罪かを決める事実認定一般については一定程度期待できる。一定の証拠（手がかり）からある事実を推認するという営みに専門的知識は不要であり，強い官僚的統制のもとにおかれている裁判官よりも一般市民のほうが適切な判断ができるともいいうるからである。しかしながら，責任能力判断に関しては二重の意味で「常識的」判断では対応できない問題がある。以下では問題の所在を明らかにしつつ，裁判員として責任能力にいかに向き合うべきか考えてみたい。

2　責任能力制度の根底にある思想

責任能力制度の下で，精神障がい者がいかに重大な犯罪を犯しても，無罪となる場合があるということに反発を覚える人も多いであろう。しかし，この制度は刑法39条という法律で規定されたものであり，裁判員はそれに従う義務がある（裁判員法9条1項）。その意味で裁判員になった市民は，選択の余地なく常識に反する結論を強いられる可能性がある。これが第一の問題である。

この状況下で裁判員に求められるのは，まずは責任能力制度の根底にある思想を理解しようとすることである。この制度は長い伝統を有するものであるから，一定の合理性を有するはずだと思ってほしい。その合理性を理解できれば賛同できるかもしれないし，たとえ賛同できなくとも，民主主義社会に生きる者として，自らの信条とは区別したかたちで，この思想に依拠した判断を下すことはできるはずである。表層的な理解のうえで感情的に結論を下さないようにしてほしい。

　では責任能力制度の思想とは何か。法に触れた精神障がい者が無罪となることに対しては，特権的地位を認めるものだと批判され，反対に一人前の存在として認めない差別だとも批判される。しかし両方とも誤解である。責任能力制度は，法に触れる行いをした者でも，それを回避し適法な行為を選択する可能性がなかった場合には刑事責任を問われることはないという，あらゆる人に等しく適用される原則の一適用場面にすぎない。たとえば，昔ドイツで，馬車の御者が自分の馬に暴れ癖があるため馬を代えてくれと再三雇い主に申し入れたにもかかわらず，雇い主はそれに応じず，失職をおそれた御者がやむなく馬車を運転したところ，案の定馬が暴れ出し通行人に怪我をさせてしまったという事件があった。裁判所は，御者にはその馬を使わないことが期待できなかったとして無罪とした。このようにおかれた状況のゆえに行為者が行いを強いられたと評価しうる場合，法が不可能を強いるべきではないから，処罰は断念されるべきである。そうであれば，精神の障がいのゆえに突然襲ってきた妄想に突き動かされて人を傷つけてしまったような場合も同じであろう。単に犯罪へと行為者を突き動かした要因が行為者の外部にあるか内部にあるかの違いでしかないからである。この場合に免責を認めるのが責任能力制度である。この制度の根底には，不当な処罰からの保護というすべての人に利益をもたらす思想が存在することを理解する必要がある。

　責任無能力者を処罰する社会とは，犯罪を避け得なかった人を処罰する社会である。そのような社会では，法への信頼が失われるため，何とかして犯罪を思いとどまろうというインセンティブが弱まる一方で，犯罪実行後に発覚を防いだり逃げおおせたりすることに精力を傾けるインセンティブが強まってしまう。好ましい社会とはいえないだろう。

　さらに精神障がいのゆえに犯罪に至った者を無理に刑務所（＝罰として苦痛を賦課するための場所）に収容すれば，十分な治療が行われず，出所後に再び同じ悲劇が繰り返されるおそれもある。それよりは，処罰を回避して十分な治療を提供したほうが賢明である。現在では心神喪失者等医療観察法の下で，（強制入院の是非をはじめさ

まざまな問題は残るものの）これまでよりも手厚い治療体制が整えられるようになってきており，なおさらである。

　以上のように，理論的にも，政策的にも責任能力制度を活用するほうが望ましい。これに対し，被害者感情を 慮 り，無罪とすることに躊躇する向きもあるかと思われるが，さらなる被害を防ぐ可能性が高い方法を選択することで被害者に報いるやり方もあるはずである。さらに，死刑にすれば被害者に報いることができ再犯も防止できるという考え方も想定されるが，犯罪を避け得なかった人の命を抹殺することは，このうえない不正義であるということが銘記されるべきである。

3　精神鑑定への向き合い方

　責任能力を判断するためには，①犯行時被告人に精神の障がいがあったか否か，②あったとしてそれが善悪を判断する能力やそれに従って行動をコントロールする能力に影響を及ぼしたか否かが検討されなければならない。このいずれかの能力が欠けていれば心神喪失として無罪，著しく減退していれば心神耗弱として必ず刑が減軽されなければならない。このように②が本質的な問題であり，しかもその判断が，先に述べたように，あらゆる人に適用される責任判断の一環なのだとすると，①が必要とされている理由が逆に疑問になってくる。しかし①にはやはり意味がある。というのも，統合失調症など精神の障がいが存在する場合，それが②の能力に影響を及ぼすかを判断することは精神医学の専門的知見を要する事柄であり，そのために精神鑑定が行われなければならない，ということが①から導かれるためである。

　犯行時の行為者の心のなかがどのようになっていたかを認定するのは困難な作業である。しかし，精神障がいが疑われない通常の事案では，常識的判断を活用することで判断できる。たとえば，咄嗟に相手にナイフを突き刺した人に殺意があったかどうかという問題に関しては，傷の深さや位置，ナイフの形状，突き刺すに至る経緯，突き刺した後の行為者の振る舞いなど証拠から明らかになるさまざまな事情を踏まえて，自分が行為者の立場におかれたら，「相手を死なせても構わない」「相手が死亡するだろう」と思ったかどうかを検討することで結論が導かれる。これはまさに常識に従った判断であり，専門的知見を必要とするものではない。たしかに客観的事情の認定（傷の位置など）に比べると難しい側面はあるが，その困難さのレベルが裁判官と裁判員で異なるわけではない。

　これに対して精神の障がいが妄想を生み出すようなものであったか，その妄想はどのくらい強いものであったかといった精神障がい者の心のなかを探る営みは，質

的に異なる困難さを有する。同じ症状を体験したことがない以上，自らを行為者の立場に置いて判断する手法は有効ではない。そこで，普段から精神障がいを抱える人たちと接し，その精神構造をよりよく理解しているだろう精神医学者が精神医学の知見を活用して，犯行時の精神状態を推認する作業を行うのである。DNA鑑定や工学鑑定を思い浮かべればわかるように，鑑定とは常識的判断が通用しない問題だからこそ行われるものであり，精神鑑定もその一種である。責任能力判断を行うにあたっては精神鑑定を十分に尊重しなければならない。

　しかしながら金岡報告でも指摘されているように，従来は，犯行動機や行為態様，犯行後の言動等が通常人が行ったものとして了解可能かどうかという「常識的」（＝素人）判断を行って，鑑定意見を尊重せずに独自に責任能力を認定した裁判例が散見される状況にあった。そうしたところ，最高裁判所は2008年に，精神障がいの有無および程度ならびにこれが判断能力や行動コントロール能力に与えた影響の有無および程度については，「その診断が臨床精神医学の本分であることにかんがみれば，専門家たる精神医学者の意見が鑑定等として証拠となっている場合には，鑑定人の公正さや能力に疑いが生じたり，鑑定の前提条件に問題があったりするなど，これを採用し得ない合理的な事情が認められるものでない限り，その意見を十分に尊重して認定すべきものというべきである」という注目すべき判断を行った（最判2008［平成20］年4月25日刑集62巻5号1559頁）。これは常識では測れない精神障がい者の心のなかを認定するためのルールとして述べられたもので，今後は従来のようなルーズな運用は許されず，裁判員もこのルールに従わなければならない。これが冒頭で指摘した常識的判断では対応できない問題の2番目のものである。

　犯行後に冷静に証拠を隠滅しているなど，被告人の「正常さ」を窺わせる事情があれば，鑑定人の意見に疑問を持つこともあるだろう。しかしその疑問を根拠に鑑定意見を否定するのではなく，鑑定人に疑問をぶつけて精神医学的にどう解釈されるのか意見を聞くのでなければならない。それでも疑問が解消されない場合は，別の鑑定を求めるべきである。裁判所は審理を中断して別の鑑定を実施することは，裁判員に過剰な負担を負わせることになると消極的である。しかし，別の鑑定の結果が出るのを待ち，数ヶ月後に再び裁判員皆の予定を調整して審理を再開することはまったく不可能ではないだろう。必要だと思えば，裁判官に新たな鑑定の実施を求めてほしい。

4　最後に残るもの

　現在の裁判所の方針によると，鑑定人は精神の障がいが被告人の善悪判断・行動コントロール能力にいかなる影響を与えたかは述べるが，その状態が法的に心神喪失や心神耗弱に該当するかという結論は述べず，裁判官と裁判員の評価に委ねられる可能性が高い。裁判員は精神鑑定を尊重しつつも，最終的な心神喪失・心神耗弱・完全責任能力の線引きに関しては社会常識を発揮することが期待されていることになる。しかしそうは言っても，個人的な感覚だけで結論を決めればよいものではなく，責任能力制度の趣旨に立ち返って考える必要がある。この被告人に刑罰を科すことに正当性はあるか，犯罪に至ったのはやむを得なかったといえないかという観点から判断してほしい。またとくに，心神喪失についてはこの被告人には処罰より治療を優先すべきでないのか，心神耗弱についてはこの被告人を障がいのない人と同様に非難してよいか，という視点も必要である。そのうえでどうしても判断がつかなければ（合理的疑いが払拭されなければ），「疑わしきは被告人の利益に」の原則が適用されるため，心神喪失か否かについては喪失，心神耗弱か否かについては耗弱という結論を出すことになる。結局，法の理念を的確に理解したうえで，事案に真摯に向き合うことが重要となる。金岡報告の悲観的な結びがいい意味で裏切られることを期待したい。

（一橋大学大学院法学研究科准教授　本庄　武）

❖ Topic 4 　犯罪報道

1　「無罪推定」無視の報道界

　裁判員制度が2009年5月21日に始まるが，事件事故を伝える企業メディアの現場には近代市民社会の共通理解が著しく欠如している。

　報道界は今も，警察に逮捕された被疑者と事件・事故で死亡した被害者は「実名が原則」で，被疑者・被害者の姓名，顔写真，住所，職業，生い立ちなどが本人（遺族）の了解もなしに勝手に報道される（「実名報道主義」）。

　この実名報道主義によって，本当の裁判が始まる前に，ペーパー・トライアル，メディア・トライアルによって社会的制裁を受けてしまっているのが現状だ。「お上」にしょっ引かれた人間にさらし刑を与えてもいいという江戸時代の「瓦版」と同じレベルなのだ。しかも，松本サリン事件をはじめとする，警察情報を垂れ流しにすることに起因する報道加害も今日まで続いている。

2　「公正な裁判を受ける権利」を蹂躙

　司法手続きで最も重要なのは，無辜の市民を誤って有罪にしてはならないということだ。これに対して，ジャーナリズム（情報産業ではない）には，司法当局，弁護士が適正手続きを守っているか，捜査と裁判が公正に行われているかどうかを監視することが期待されている。

　ところが，現状のメディアの犯罪報道にはそうした視点はない。犯罪を理性ではなく情緒，感情で，無罪を推定されている被疑者・被告人を非難している。凶悪事件の場合，親族や弁護人まで激しくバッシングされる。これは光市事件の報道に典型的である。

　司法と報道がこのままで，逮捕，起訴された人が目の前に現れて，4，5日間で有罪かどうかを認定し，量刑まで決めることになる。こんな状態で裁判員裁判が始まれば，一般市民から選ばれる裁判員がテレビ，新聞，雑誌，ネット上の洪水のような情報に触れた後に，公正な裁判などできるはずがないという批判が渦巻くことは間違いない。

　だが一方で，裁判員制度の実施は犯罪報道の大転換を実現する契機になるとも思う。私のゼミは2008年12月，平木正洋・最高裁判所事務総局刑事局総括参事官にインタヴューした。平木氏は2007年9月，マスコミ倫懇大会で，「被疑者の逮捕以降，一斉に大量かつ集中的に報道されるなかで，捜査機関が取得した情報をあたかも事実であるかのように報道すること」を問題にした。

そのうえで、具体的に①被疑者の「自白」②被疑者の弁解が不合理との指摘、③被疑者が犯人であるかどうかを示す「状況証拠」、④被疑者の前科・前歴、⑤被疑者の生い立ちや対人関係、⑥識者のコメントを改善するよう求めた（同志社大学・浅野健一ゼミ発行の『DECENCY』第14号に、インタヴュー全文が掲載されている。申し込みはeメールにて asanokenichi@nifty.com まで）。

ある判事は「われわれ裁判官もメディア報道の影響を受ける」とこう告白した。「家で新聞を読んで『否認しているが、絶対やってるなあ』と家族に言って、『間違いないわよね』という会話をすることもある。『これは悪い奴だな』『なんだ、この弁解は』という話もする。職業裁判官も、報道で『自白した』という記事を読むと、起訴状一本主義で起訴状以外の情報は見ずに法廷に臨むという原則が揺らぐこともある。捜査段階で自白したという報道があった被告人が否認すると、『やったと言っていたのに』と思うこともある。それが第一に予断と偏見だと思う。新聞報道と比較している自分に気がつくこともある」。

「報道された事実」と「証拠としての事実」を区別できるように訓練するのは裁判官でも大変なのに、「法廷で述べることだけを証拠にしなくてはいけない」という大原則を、マスメディア報道にいっぱい触れている一般市民は守れるだろうか。「報道する側」の責任が最も大きい。

3　犯罪報道を大転換するしかない

平木氏の提言や日弁連などの要請を受け、新聞協会と民間放送連盟は2008年1月、裁判員制度に向けて「取材・報道指針」を公表し、加盟各社は事件報道のあり方について検討し、2009年3月までに独自のガイドラインをまとめた。

新聞協会の指針は「被疑者を犯人と決め付けるような報道」を自粛、「犯人視報道をしないように心掛け」るとした。相次いで決まった主要メディアの新指針（案を含む）を読んだが、共通しているのは《情報の出所が警察・検察なのか、被疑者・被告側なのか、あるいは現場周辺の人、被疑者らを知る人なのか》（共同通信社）など情報源を明示するという点だ。また《弁護士ら容疑者の言い分も取材して「対等な報道に」に努める》という方針も同じである。

しかし、逮捕から起訴までの段階では、被疑者が犯行を犯したかどうかわからない。各社の方針には、被疑者の姓名、住所、顔写真などの個人情報を逮捕段階で報道する実名報道主義の見直しが一切書かれていない。逮捕と同時に実名を報道するのは、「被疑者＝犯人」と見ているからではないか。

捜査段階で拘禁されている被疑者から取材することはできないし、弁護人が被疑者の代弁をすることは難しい。《捜査当局や裁判手続きをチェックする》

(各社)というなら、逮捕状を発付する判事、逮捕状を執行する司法警察員、起訴する検察官の役職と姓名を報道すべきではないか。捜査段階で被疑者は丸裸にされるが、捜査する側は顔をほとんど出さない。新聞協会は、報道被害に対する加害責任を自覚しているのかと問いたくなる。「犯罪報道の犯罪」性についての認識が甘すぎる。指針の最後の「各社対応」ではほとんど効果がない。

4　裁判員は判決後、記者会見を新聞協会が呼びかけ

　新聞協会は2009年2月26日、裁判員を務める人に、取材・報道への理解を求め、判決後の記者会見への参加を呼びかける「裁判員となるみなさんへ」を公表した。最高裁も制度の定着には裁判員経験者の声が広く伝わることは重要として、記者会見の実現に協力するとしている。

　新聞協会によると、各地の司法記者クラブが裁判所内の記者室で行う。会見は判決後直ちに実施され、参加を了解した裁判員経験者に出席してもらう。「裁判用語を十分に理解できたか」「人を裁くプレッシャーを感じたか」などの質問を想定している。最高裁と新聞協会は2007年以降、12回に渡って非公式協議を重ねている。最高裁は、「非公式協議を行っていることは公表していいが、出席者の役職、姓名や協議の内容は口外しない」という姿勢だ。

　新聞協会が市民の信頼を失っているから、裁判所の力を借りて、裁判員に取材をしようという魂胆が透けて見える。最高裁がお膳立てする記者会見で、裁判所に都合の悪い情報が明らかにされるとは思えない。また戦前、治安維持法下で生まれた日本独自の「記者クラブ」の壁をどうするかも課題になる。新聞協会加盟社の記者で、各官庁や大企業の「記者室」に常駐できる記者、またはそれに準ずると「記者クラブ」が認定した記者だけが、「記者クラブ」メンバーになれる。私のようなフリージャーナリストや、出版社系の新聞などの記者はこの会見に出られない。「会見」を求められる裁判員経験者は無作為に選ばれた市民なのに、会見に出る記者は特権を持つ記者だけになるのだ。

　メディアがいかに権力に弱いかを示す記事があった。弁護士や学者らが呼びかけてできた団体「裁判員制度はいらない！大運動」が2008年12月20日、東京都内で、制度への疑問などから裁判員になりたくないと主張する裁判員候補者3人の記者会見を開いた。3人は会見で、本名、職業、顔を明らかにして「裁判員にはならない」と明言したのに、新聞各社は仮名にした。私の見た限り、3人を顕名報道（実名は仮名の対語であり顕名が適切）した大手メディアはなかった。

5　匿名報道主義でメディア責任制度を

　詳しくは私が本書と同時期に出版する『裁判員と「犯罪報道の犯罪」』［昭和堂，2009年］で論じたが，裁判員制度下で，報道界と市民は「人権と犯罪報道」をどうすべきかを述べたい。

　第1に，逮捕から起訴，初公判までに投入されている取材と報道のエネルギーを，起訴以降の裁判報道に振り向けることだ。英国では顕名報道する場合も，「浅野健一氏がロンドン警視庁の捜査に被疑者として協力している」「国家（検察）から殺人犯だという言い掛かりをつけられた被告人の浅野健一氏が明日，裁判所に出頭する」と書くのが普通だ。

　日本以外の先進国では，お隣の韓国も含め，司法界において，被疑者が「犯人」ではなく，本当に法違反者なのかどうかは，公開の裁判で法令と証拠だけに基づいて審判されるという原則が貫かれている。報道界もフェアな裁判を実現するためにあらゆる努力を惜しまない。

　第2に，報道が市民を傷つけてはいけない。官憲の逮捕を実名報道の根拠としている実名報道主義を廃止し，「被疑者になった市民に関する報道は匿名を原則とする」匿名報道主義を採用することだ。「公人，準公人の権力行使にかかわる事案は顕名にして詳しく伝える」という方法を導入する（『犯罪報道の犯罪』［学陽書房，1984年，講談社と新風舎で文庫化］）。

　匿名報道主義に対しては，被疑者の実名を出すことが問題ではなく，犯人視報道をやめるべきだという主張が，企業メディア御用学者から登場し，今では「凶悪犯の少年も実名にすべきだ」「心神喪失の場合も実名で報道すべきだ」という信じがたい大学教員まで現れている。公人と一般市民を分けることは不可能だとか，個人の名前は人間の尊厳を示すものだから，勝手に仮名にしてはならないという見解がまかりとおっている。

　「知る権利」は第一義的には政治的な権利であり，好奇心やのぞき見趣味的なものは，基本的に対象外だ。市民が民主的な自治を行うために必要な情報が「政治的な権利」としての「報道の自由」の根拠になる。その場合には，報道される側の名誉・プライバシーや「知られたくない権利」に優越する。

　そこでスウェーデンなど多くの欧州諸国や韓国で行われている「市民に関する報道は匿名にするなど徹底的に抑制し，公人の権力行使にかかわる事案は顕名にして詳しく伝える」という方法を導入すべきだ。公人に嫌疑がある場合には，顕名報道を原則とするが，犯人視はせず，無関係なプライバシーに関する報道などは避けるべきである。

　人権擁護法案など報道を法律で統制する法案を政権党が用意する背景には，

メディアの暴力を受けた市民が権力に助けを求めているという現実があることを忘れてはならない。

　第3に，報道被害を防ぎ，人権侵害報道があったときの救済制度をつくって，法規制を避けるべきだ。

　報道界が「人権にも配慮する」という誤った意識を持っていることが問題だ。報道のために人権があるのではない。人権や民主主義を確立するために表現の自由はある。被疑者・被告人が公正な裁判を受ける権利を保障され，被害者をサポートする報道の仕組みが望まれる。

　メディア・フレンジー（凶乱）による報道被害をなくしていくためには，新聞・通信社，放送局，雑誌社を横断的に包括する機関が不可欠だ。メディア界全体が守るべき統一報道倫理綱領の制定と，その倫理綱領を守っているかどうかを監視する市民参加型の報道評議会の設置がセットとなった「メディア責任制度」を導入する必要がある。

　この「メディア責任制度」は欧州，オセアニアなど30数カ国で実施されている。日本で1999年ころから新聞・通信社約30社に苦情対応機関が設置されており，一部全国紙は日本独自のオンブズマン的組織と説明しているが，この「メディア責任制度」とは似て非なるものである。メディア責任制度は「第三者機関」ではなく，報道界が自分たちのためにつくる仕組みで，日弁連が1980年代から提唱している自主規制機関と同義語だ。

　裁判員制度がスタートした後で，捜査段階で被疑者を犯人扱いし，地域住民の生活を破壊するようなメディア・フレンジー（凶乱）があれば，法規制が再び議論されるであろう。開始前に，メディア責任制度を設置するしかない。これがあれば，報道被害を受けた市民は報道評議会に苦情を持って行くことができる。これによって人権侵害取材・報道に対する自主・自律的な規制が期待できる。「人権と報道」の調和を求める営為に市民が参加するのである。このような制度を導入すること以外に法的規制（人権擁護法案も含む）というメディアにとっての危機的状況を回避する方法はない。

　報道界は裁判員法に「偏見報道の禁止規定」が導入される恐れがあったとき，報道界全体で，公正な裁判を妨害しない犯罪報道の仕組みを自主的に確立すると公約した。この公約をきちんと守る以外に法規制を阻止し，人民の信頼を獲得するジャーナリズムを創生する道はない。

（同志社大学大学院社会学研究科教授　浅野 健一）

7

障がい者による事件

（事件現場のイメージ）

Case 藤原 大吾
Comment 高田 昭正

藤原　大吾　—FUJIWARA Daigo—

1978年　佐賀県 生
東京大学法学部卒業
現在，弁護士（東京弁護士会）

裁判員になるあなたへ

　一般の方々の生活は，刑事事件とは無縁でテレビや新聞等の報道で見聞きするのみのことだと思います。そして，報道される被害結果を見ればどの事件も厳しく処罰されるべき事件です。しかし，被害結果だけで機械的に処罰が決まるのであれば，そもそも裁判員は不要なはずです。裁判員になられた方は，被害結果を見るだけでなく，事件の真相は何かということと，そして，中立で公正な判断をすることが期待されているのだと思います。

高田　昭正　—TAKADA Akimasa—

1950年　大阪府 生
大阪市立大学法学部卒業．博士（法学／大阪市立大学）
現在，大阪市立大学大学院法学研究科教授

裁判員になるあなたへ

　裁判員制度は市民にとって新たな負担となるものです。しかし，この裁判員制度をとおして，刑事手続や刑事司法のあり方そのものについて多くの方々が関心を持つことは，とても重要なことです。市民による，市民のための刑事裁判にする第一歩になるからです。

Case 7

ハンディを負った１人の半生

事件の概要

　事件は，日中，公道上で起きた。若い女性が，１人，歩道を歩いていた。すると，向かって歩いてきていた見ず知らずの男性から，突如，すれ違いざまに顔を殴られた。男性は，倒れた女性に対しさらに数回，顔を殴り，そして何事もなかったようにその場を立ち去った。女性は，すれ違う際に男性の通行の妨げになったというのではなく，男性と目があった等したものですらなかった。

　これを目撃した周囲の人らは男性を追いかけ，男性はその場ですぐに取り押さえられて警察に引き渡された。女性は，顔面打撲の傷害を負い，男性は，傷害罪で起訴され刑事裁判を受けることになった。

　この男性は，50代で１人暮らしの無職の者であった。また，男性は，幼少期に聴力を失い，耳が聞こえず，人と言葉を話すことのできない聾唖(ろうあ)の障がい者であった。そして，男性は，本件の半年ほど前にも窃盗事件を起こして懲役10月，３年間執行猶予の判決を受けたばかり，執行猶予中の犯行であった。

　本件の裁判の判決では，検察官が懲役10月の実刑判決を求めたのに対し，裁判所は，懲役10月に，実刑判決ではなく再度３年間の執行猶予を付した。

どうして加害者を弁護するのか

　私は，本件で男性が起訴されて裁判を受けることになった後に国選弁護人に選任され，弁護をすることになった。本件で初めて男性の弁護をすることになったもので，私が本件以前にも男性を弁護したり，知り合いであったというものではなかった。

刑事事件の弁護人の役割について，私は，どのような凶悪な事件を起こしたとされる被告人でも，どれだけ被害者や社会から非難される被告人であっても，またまったく共感できず同情の余地がないとしても，そのような事情に一切関係なく，被告人の立場に立ち被告人のために弁護を行うのをその職責と考えている。

　しかし，私が担当した限り，被告人にまったく共感できない，のみならず社会同情の余地はないという事件はない。被害結果が重大，犯行も悪質，被害者らからも強く非難されるような事件であったとしても，自分が被告人と同じ立場に立ち，同じ境遇，同じ状況下におかれたとき，自分であったらそのような事件を起こしたりはしないなどとは思えない。

　本件もそうである。たしかに，本件で，女性は顔に怪我を負わされた。また，女性はただ歩道を歩いていただけであり，男性と目があったというのですらなく，女性にはまったく落ち度はない。女性は，本件の被害にあったことで，今までは何とも思わずに道を歩いていたのが，道を歩くたび，男性とすれ違うたび，本件の事件にあった恐怖を思い出し，また被害にあってしまうのではないか等との不安に襲われてしまう，そういった精神的被害が考えられる。女性が受けた被害は大きく，どのような償いを行ったとしても，被害を受ける前と同じの元通りになるというものでは決してない。

　では，本件でそのような事件を男性が起こしてしまったのはなぜだったのか。男性は，本件の直前に睡眠薬などを処方以上に多量に服用し，意識がもうろうとした状態であった。

　男性は，婚姻して子ども授かり，長年，会社員として働き家族生活を送っていた。しかし，やがてうつ病を患い，婚姻生活もうまくいかなくなり離婚して１人暮らしをすることになった。そして，本件の１年前には，長年勤めていた会社をリストラにあい，職を失った。退職金を受給したが，男性自身が詐欺被害にあってその退職金の大半を失ってしまった。警察に被害を届けたが犯人は特定できず，失った退職金は戻ってこなかった。

　就職活動を行ったが，障がい者であるというハンディから再就職もうまくいかなかった。また，男性は，依然としてうつ病に悩まされ続け，睡眠薬などを多量に服用することが続き，本件当時は薬物依存の状態であった。本件の当日

も，前日の夜に睡眠薬などを多量に服用したが眠れなかった。眠れないこと，就職活動もうまくいかないこと，詐欺被害の捜査が全く進まないこと等から，イライラして眠れないまま朝を迎えた。朝になって，眠れるように再び睡眠薬などを処方以上に服用した。

　これまでは，夜眠れなくても朝に服用すれば眠りにつくことができていた。だが，この日は，一向に眠りにつくことができず，逆にイライラが増し，男性は外に飛び出した。男性は，イライラした気持ちで通りすがりの女性を一回殴ってしまった。そのこと自体についての記憶はある。しかし，意識がもうろうとした状態であり，外に飛び出した後，どのような経緯で女性とすれ違うことになったかは記憶にない。女性が倒れた後も数回殴ったこと，その場を立ち去ったことの記憶もなかった。

　男性が障がい者であるとしても，またその他にどんな事情や経緯があったとしても，被害にあった女性から見れば，自分が被害にあったことには変わらない。女性が受けた被害が癒えるわけでもなく，関係のないことであり，許せるものではない。しかし，男性と同じ立場，同じ境遇，同じ状況下におかれたとき，自分であったらそのような事件を起こさない，ほかの選択もあった等とは軽々しく言えないと思う。

　男性は，私が味わったことのないような不遇や苦労を重ねてきたものであり，その辛苦の程は，これを経験していない他の者には想像できないものだと思うのである。被害者という立場と加害者という立場は，決して相容れず，埋まることのない溝がある。

　しかしながら，裁判は，被害者の被害内容だけを見て，被害者の立場のみに立って判断するのではない。被害者の立場に立ってのみ判断されるのであれば，裁判で被告人の話などを聞く必要はない。被告人に対して処罰がなされるべきか，処罰されるべきとしてどういった処罰がなされるべきかが判断される。そのためには，被害者の立場だけではなく，被告人の事情についても考慮されなければ判断できない。

　本件で男性をなぜ弁護したかは，私が男性の国選弁護人に選任されたからであるが，さらに強いていえば，どのような事件であっても被告人という男性の立場に立つことに必須の意義を感じるからである。

論点から考える

本件の争点

　本件では，男性に対する処罰として，懲役刑に再度の執行猶予が付されるかが問題となった。男性が，有罪か無罪かが問題となったものではなく，有罪としても，どのような処罰がふさわしいのか，処罰の内容として懲役刑を科してすぐに服役させるのか，それとも服役させるのを一定期間猶予して社会内で更生させるのがふさわしいのかが問題となったものである。

　刑法において，有罪となり懲役刑の言い渡しを受ける場合でも，情状により，その懲役刑の執行が猶予されうる。法律上は，一度，執行猶予が付されてその執行猶予期間中に犯罪を起こして懲役刑の言い渡しを受ける場合においても，情状にとくに斟酌すべきものがあるときは，再度，執行猶予が付されうる。執行猶予が付されること自体，すぐに懲役刑に服させなくても社会内で生活するなかで更生し，再び犯罪を犯す恐れはないといえることが，その大きな理由であるといえる。

　にもかかわらず，執行猶予中に再び犯罪を犯してしまったというのに，3度犯罪を犯すおそれはないと認められること自体，困難である。

実際の弁護活動

(1) はじめに

　男性が聾唖者であったため，私と男性との意思疎通は，通訳者と同席の上，手話通訳をしてもらった。また，公判審理での各種発言，証言も，男性にも理解できるようすべて通訳者が手話通訳して進められた。そして，争点の再度の執行猶予が付され実刑判決の必要がないといえるかについて，被害者の被害からの処罰の必要性，これまでハンディを負いながらも人並み以上の努力と苦労を重ねてきたこと，そして今後は犯行を繰り返さないという被告人の立場からの処罰の必要性との点から活動を行った。

(2) コミュニケーションについて

　公判審理は，手話通訳を介して行うことで単純に通常の倍の時間がかかっ

た。また，事実経過，とくに男性が本件当時は意識がもうろうとした状態であったこととその経緯，経過について，私が男性から詳細に聴き取り，また男性に公判で話してもらう必要があった。さらに，被害にあった女性に対して謝罪等をするにあたって，女性が話される複雑な思いを男性に伝え，また男性の気持ちや考えを聴き取る必要があった。

　手話通訳を介することで，私の発問の意図やニュアンス等が上手く伝わらず，もどかしい思いをすることも度々であった。とりわけ，私と男性との意思疎通には十分な時間を要し，私と男性との打合せでかかった時間は約14時間以上，通訳費用は10数万円を要した。

　また，公判において，男性が，検察官や裁判官から質問された内容について，その質問の趣旨が伝わらないまま発言することが多く，質問の後，再度，私から聞き直す必要があった。もっとも，男性自身の知的能力は高く手話も堪能であって，手話通訳での意思疎通自体には問題がなかった。聾唖者であっても手話に堪能ではなかった場合，さらに意思疎通が困難で労力を要したと思う。

(3) 被害者の被害回復に向けて

　男性は，女性に対して暴力を振るって被害を与えてしまったことについて，大変申し訳なく，謝罪をし，被害の弁償をして償いたいという気持ちであった。とりわけ，怪我という身体的な被害にとどまらず，ただ道を歩いただけの何の落ち度もないのに被害にあわせてしまったことで，女性が今後の生活のなかで，被害を思い出したり，また被害に遭うのではないか等と考えるに至ったということなど精神的にも大きな被害を与えてしまったことについて，大変申し訳なく，謝罪と償いをしたいという気持ちであった。

　私は，女性と連絡を取って直接，弁護人である私と会って話をする機会を得た。私からは，女性に対し，男性の謝罪と償いの気持ちを伝えた。女性は，ただ日中に歩道を歩いていただけなのにどうして自分が今回の被害にあったのか全く理由がわからない，被害から日が経ってもまだ道を歩くのも怖い，仕事をしていて1人では行き来ができず，今も知人に行き帰りを付き添ってもらっていると言うのである。そして，被害にあった場所は生活圏内で，今住んでいるところにはもう住み続けることはできず，引っ越しをする予定であり，男性が準備した被害の弁償金では実際にかかる費用だけでもまったく足らないとのこ

とであった。女性の精神的な被害は，男性や私が思っていた以上にはるかに大きく，深いものであった。

　男性は，私から聞くそのような女性の状況を聞き，改めて女性に与えてしまった被害の大きさを思い，女性が被害弁償として受け取ってもらえるような額を支払うこととして，その額の金員はさらに男性の両親に準備してもらった。そして，もう一度，女性に，私と会う機会を得て，再び男性の謝罪と償いの気持ちを伝え，被害弁償として金員を受領してもらい示談が成立した。

(4)　ハンディを負ったこと

　男性は，半年ほど前に窃盗事件を起こして，執行猶予判決を受けたばかりであるのに本件の事件を起こし，犯行を繰り返してしまった。しかし，もともと男性は，長年，犯罪とは無縁の生活を送ってきた。幼少期に聴力を失うというハンディを負うも，男性は，高校，大学と進学し，一般の企業に就職して，長年，妻子を養ってきた。男性は，ハンディを負ったことで，このような人並みの生活をするというのに，一般の人以上の努力と苦労を重ねてきたといえる。

　父親が，男性のこれまでの生い立ちや生活状況について法廷で証言した。その最中，父親は，わが子に障害を負わせたことに自責の念があると言葉を詰まらせた。男性がハンディを負ったことで，長年，日常生活のさまざまな場面で受けてきた苦労，不利益の数々が推察された。

　さらに，男性は，自身の生活のみならず，会社勤務の傍ら，自身も聾唖者の教育に携わるなど，他の障がい者の社会参加にも貢献してきた。大学時代に聴覚障害のボランティアで知り合って以降，長年の友人らも裁判に来てくれた。友人は，男性が流暢な手話を使い社交的で知り合った当初は衝撃を受けたこと，何より男性が愉快な遊び友達で長年付き合ってきたことを話してくれた。

(5)　犯行を二度と繰り返さないために

　だが，被告人は，うつ病を患い，妻と離婚することとなり，リストラにより職を失った。退職金をだまし取られるという被害に遭い，就職活動もうまくいかなかった。うつ病は依然として治らず，男性は，睡眠薬などを多量に服用して薬物依存の状態になっていた。そのようななか，半年前に窃盗事件を起こした。

　お金に困った末の犯行というものではなく，薬物依存の状態で，目の前にあ

ったバックを衝動的に奪って，その場で取り押さえられた事件であった。執行猶予の判決を受けて社会生活に戻った後も薬物依存の状態はかわらず，本件の犯行を繰り返してしまうことになった。

　そこで，本件犯行の原因と，犯行を繰り返さないための措置について，男性が，長年治療を受けてきた医師から意見をうかがった。医師からは，本件犯行の原因に関して，本件の犯行時，男性は睡眠薬などの多量の服用により意識がもうろうとした状態にあったといえること，そして，本件当時は，薬物に依存する生活に陥っていたという意見であった。

　また，犯行を繰り返さないための措置として，処方に基づいた適切な薬物服用を身につけること，そのためには，現在の１人暮らしではなく家族も男性の監督を行うことが重要であること，他方で，入院治療までは必要ないとの意見であった。これら医師の意見書を証拠として，裁判所に提出した。そして，医師の意見書に従い，男性は１人暮らしをしていた家を引き払い，両親の監督のもと，実家で生活することを条件に保釈を認めてもらった。そのうえで，実際に，両親の監督のもとで薬物依存から脱却しつつ，うつ病の治療を続ける生活を行うこととした。

　その保釈の約１ヶ月間の日々の生活について，男性と両親とが，各々，起床，就寝，睡眠時間，服薬，通院の状況，その他日中の生活状況等について，日記をつけるようにした。そして，これらの日記を証拠として，裁判所に提出し，これまでの１人暮らしのときとは異なり，現在は，両親のもとで，規則正しく処方に基づいた適切な服用を続け，落ち着いた日々を送っていることを見てもらった。

(6)　判決内容

　判決では，被害の重大さや執行猶予中の犯行であることを重く見る一方で，被害については被害弁償がなされていること，男性やその両親が薬物依存を克服することの難しさ，厳しさを再認識したうえで，徹底した服薬管理や生活改善に努め，現在において相応の成果を上げていることを考慮し，今回，実刑としてこれまでの男性や家族が長年積み重ねてきた努力の結果が無に帰すことになるのは躊躇を覚えるとされた。

　そのうえで，男性に対し，改めて自己の現状を直視した自立と社会参加の道

を歩む最後の機会を与えるのが相当と判断し，再度の執行猶予を付すとされた。

裁判員制度の導入で変わる弁護活動

　まず，裁判員制度の導入で一般市民である裁判員が判断するにあたり，長時間の審理や，趣旨不明瞭なやりとりがなされることは，裁判員の負担になって適切な判断の妨げとなる。

　本件のような手話通訳を必要とする事件で，被告人質問や証人尋問がなされるにあたっては，通常の事件以上に，漫然とやりとりがなされることなく，的確な質問と被告人との十分な打合せの必要性を感じた。また，本件のように被告人に対してどのような処罰がふさわしいかが問題となる場合，裁判員裁判が導入されたら，これまで以上に，被告人の立場について，裁判員に法廷で理解してもらえるようにすることが必要になると考えられる。

　他方，弁護人は，被害者らの立場についての深い理解が必須であると思う。裁判員制度では，これまでの職業裁判官のほかに，一般市民有権者から無作為に選出された裁判員が，有罪，無罪のほかに被告人に対してどのような処罰がふさわしいかも判断する。

　このような一般市民である裁判員は，各々がまったく異なる多種多様な経験や価値観をもっているといえ，他方で裁判やどのような処罰がふさわしいかの判断をすることについての経験はない。これまでのように，被告人の生い立ち，境遇や，おかれた状況等の被告人の立場について，裁判で書面の記載をなぞるだけでは，まったく立場の違う，裁判も初めての一般市民にとっては理解できないものといえる。

　本件では，判決内容で上記のとおり，「今回，実刑としてこれまでの男性や家族が長年積み重ねてきた努力の結果が無に帰すことになるのは躊躇を覚える」と判断された。被告人が障がい者であった点について，長年，人並み以上の努力を続けてきたことを十分考慮されたものであった。

　しかし，裁判員制度において，単に被告人が障がい者であるというだけでは，このように被告人の立場を理解されないおそれがある。逆に，一般市民の裁判員は，その経験等から，被害者の受けた被害の大きさや苦しみなど被害者

らの立場について，弁護人よりはるかに深い理解をする場合も多いといえる。弁護人が被害者らの立場について理解が不十分であったとしたら，そのような弁護人が主張する被告人のおかれた状況等は，被害者の立場を理解しない被告人にとって都合のいい一方的な主張であって，とても取り合ってもらえない。

　現に，本件でも，実際に私が女性から直接うかがった被害の内容は，私や男性が思っていた以上の内容であった。相手の立場について理解したうえで，被告人の立場について理解してもらうようにすること。これはごく当然のことであるように考えられるが，今まで弁護士，裁判官，検察官という法曹三者だけで刑事裁判が行われてきた長年の慣習はまったく通用しない。ごく当然のことである分，これまでの長年の慣習にとらわれないよう，逆にこれまで以上の活動が必要で，個々の事件ごとに，弁護人の深い理解と，裁判員に理解してもらうための活動が問われ続けるものであると思う。

（弁護士　藤原　大吾）

Comment

1　障がいを持つ被告人に対する刑事弁護の課題

　コメントする刑事事件の被告人は，幼少期から聴覚に障がいがあり，言葉によるコミュニケーションができない。それだけでなく，うつ病を患っており，睡眠剤などの薬物に依存する生活に陥っていた。本件（傷害）の犯行時は，「睡眠薬などの多量の服用により意識がもうろうとした状態にあった」という。身体障がい（聴覚障がい）と精神障がい（薬物依存とうつ病）が二重，三重に重なっていた状態にあった。

　一般に，人の障がいの内容は，「身体障がい」「知的障がい」「精神障がい」「発達障がい」と多様であり，障がいを持つ被告人やその刑事弁護活動を１つの枠組みのなかに押し込めてしまうことはできない。しかし，障がいを持つ被告人の刑事事件について，共通して留意すべきことはある。

　障がいを持つ被告人に対する刑事弁護の課題は，大きく３つに分かれる。

(1) **訴訟能力を争う**

　1つ目の課題は，裁判時の「訴訟能力」を争うことである。訴訟能力がないこと，すなわち，訴訟無能力を刑事訴訟法は心神喪失と呼ぶ（刑訴法314条1項本文）。

　この訴訟能力の意義について，最高裁判所は「刑訴法314条1項にいう『心神喪失の状態』とは，訴訟能力，すなわち，被告人としての重要な利害を弁別し，それに従って相当な防御をすることのできる能力を欠く状態をいう」と定義する（最決1995［平成7］年2月28日刑集49巻2号481頁．「訴訟能力があることには疑いがある」と結論した．これに対し，最判1998［平成10］年3月12日刑集52巻2号17頁は，聴覚障がいと精神遅滞がある被告人について，訴訟能力を肯定した）。

　最高裁判所の判例に鑑み，訴訟能力の有無を判断するポイントは，〈被告人としての立場を正確に理解しているか〉〈防御のため的確な状況判断ができるか〉〈自ら防御方針を決定できるか〉〈その防御方針に沿った供述や対応ができるか〉の4つだということができる。この4つのポイントを踏まえながら，弁護人は障がいを持つ被告人との意思疎通（コミュニケーション）に努力し，実効的な援助が可能なのか，とくに，被告人は防御上の重要な事項について自ら決定することが可能なのかどうかを判断しなければならない。その過程で，意思疎通に問題がある，実効的な援助に問題がある，被告人の訴訟能力に問題があると判断した場合には，医師など専門家による同旨の結論を得たうえで，訴訟無能力を理由とする公判手続の停止（刑訴314条1項）を裁判所に対し求めなければならない。

　ただし，この〈訴訟能力の存否〉〈公判手続停止の要否〉に関する判断は，「訴訟手続に関する判断」となるため，裁判員には関与する権限がない（裁判員法6条2項2号）。専門裁判官だけで判断し，裁判長が，必要と認めるとき，評議の際にその判断の結果を裁判員に対して示すべきものとなる（裁判員法66条3項）。裁判員は，その判断に従って自らの職務を行わなければならない（同条4項）。

　しかし，被告人が訴訟能力を持ち，訴訟主体として防御を尽くすことができるというのは，刑事手続が公正であるための基本的な条件の1つである。弁護人としては，訴訟能力の存否について，〈専門裁判官だけが判断して，その結果を一方的に裁判員に示す〉というのではなく，〈判断の過程，すなわち，訴訟能力の存否に関する評議にも裁判員を関与させて，ともに検討し，結論についても裁判員の多数の同意を得るようにすべきだ〉と主張することが望ましい。

(2) **責任能力を争う**

　2つ目の課題は，障がいを持つ被告人の犯行時の「責任能力」を争うことであ

る。刑事上の責任能力がないこと，すなわち，責任無能力は，刑法でも「心神喪失」という用語で呼ばれる（ただし，刑事訴訟法上の「心神喪失」とは意味が異なる）。刑法39条1項により，「心神喪失者の行為は，罰しない」と定められた（なお，刑法39条2項は，限定責任能力者，すなわち，心神耗弱者に関して，「心神耗弱者の行為は，その刑を減軽する」と定める）。責任能力がない被告人に対しては，無罪判決が下される。

責任能力の問題に関しては，本書において別途説明されるために，詳述しない。責任能力の存否について，それが争点になるときは，実体的な「事実の認定」の問題であると同時に，「法令の適用」の問題，すなわち，刑法39条1項（心神喪失）か同2項（心神耗弱）の適用の問題ともなって，裁判員が専門裁判官とともに判断する権限を持つ重要事項となることだけを確認しておきたい。

(3) 「情状」を争う

3つ目の課題が，「情状弁護」である。この「情状弁護」の場面こそが，障がいを持つ被告人の刑事事件において，弁護人の活動に最も期待が寄せられる場面かもしれない。なぜなら，訴訟能力や責任能力の存否を争う場面では，結局，「能力の存否」という対照的な結論が導かれるだけである。もちろん，訴訟能力や責任能力を争う刑事弁護は，それ自体として，刑事手続の帰趨を決定してしまうような大きな意味を持つ。しかし，結局は，あるかないかという判断を求めるものであって，判断者が結論を選択する際に，「裁量」というものが入る余地はない。

これに対し，情状の問題，すなわち，裁判員も判断の権限を持つ「刑の量定」（裁判員法6条1項3号）の問題については，判断者の裁量が大きな意味を持つ。

もともと刑法が定める刑，すなわち，「法定刑」の範囲は相当に広い。さらに，この法定刑に，加重減軽の措置，すなわち，再犯加重，法律上の減軽，併合罪加重，酌量減軽をほどこして，算定されたものが具体的な「処断刑」となる。刑の量定の幅はいっそう大きくなる。この大きな幅のなかで，現実の「宣告刑」を決める。さらに，刑の執行を猶予するか（刑法25条），また，保護観察に付するのかも判断する（刑法25条の2）。判断すべき事項は多いが，判断の基準はなんら法定されていない。個別の事件ごとに，犯行の手段・方法や結果の程度・態様，犯行の原因や誘因などの〈犯罪事実に関係する事情〉のほか，被告人の家庭環境，生活状況などの〈被告人の個人的事情〉，そして，被害弁償の有無，示談の成否，謝罪の努力，被害感情の程度などの〈被害者に関係する事情〉など，さまざまな情報や資料を収集する。それらに基づいて，刑罰を科す目的である応報（犯行に対する法的制裁），一般予防（一般人の犯罪の防止），特別予防（被告人の教育・改善による再犯の防止）という視

角から見て，最終的に妥当と考える刑の量定を決めることになる。

このように刑の量定においては，裁判員も大きな幅のなかで裁量的な判断を求められることになる。その幅が大きいために，専門裁判官は裁判員に対して，同種事案で宣告された刑の上限や下限のデータを示すだろう。しかし，それも一応の目安を提供するものにしかならない。

ちなみに，〈借りたレンタカーを自分の物と思い込んだ統合失調症の40歳の男性が，車を回収したレンタカー店員を刃物で刺殺した〉という同一の殺人被告事件を想定して，2007［平成19］年に全国で8つの地方裁判所が模擬裁判員裁判を実施した。争点は，犯行時の責任能力の存否と程度であった。この模擬裁判員裁判で，刑の量定結果は懲役14年（京都地裁），懲役9年（大阪地裁），懲役6年（東京地裁）などと，大きく分かれた。無罪判決も言い渡された（鹿児島地裁）。この模擬裁判員裁判の結果が示したように，障がいを持つ被告人に対する刑の量定に関しては，裁判員裁判のもとで，きわめて大きな裁量が働く可能性がある。

他方，刑の量定について，犯行により生じた被害の程度・態様，犯行がもたらす社会的影響など，〈被害者および社会一般の側に関係した事情〉だけが偏頗なかたちで重要視され，そのために，宣告される刑が重罰化してしまう傾向が，近時，あることが注意されなければならない。この傾向を踏まえるならば，「被害者に対する示談」や「被害者による宥恕」を獲得する弁護活動は，これまで以上に積極的に行われなければならない。このような示談や宥恕を獲得するためにも，弁護人としては，被害者と向かい合って，〈障がいを持つ被告人に対する共感〉を得るための努力をしなければならないだろう。たしかに，そのような目的で被害者と向き合うことは，困難な弁護活動になる。とくに，障がいを持つ被告人の刑事事件では，犯罪の被害者は，〈自分とは無関係な被告人から，理不尽な加害行為を受けた〉ということで，強い被害感情や重罰要求を持っていることが少なくない。しかし，そのような被害者に対しても，障がいが犯行の原因ないし誘因となっている事実を弁護人の口から正確に伝えることは，被害者が被った「精神的な打撃」からの早期の回復を促すことにつながる場合が少なくないだろう。関連して，被告人に対する再犯防止のための環境作りについて，弁護人が努力している事実とその成果を被害者に伝えることも重要な弁護活動になるだろう。

2　手続二分的な運用を求める

コメントする刑事事件において，弁護人は，訴訟能力や責任能力の存否を争うこ

とはしないで，刑の量定の場面で，すなわち，情状弁護の場面において障がいの内容や影響を問うという弁護戦略をとった。具体的には，被告人がうつ病を患っていたために，睡眠剤などの薬物に依存する生活に陥っており，本件（傷害）の行為時も「睡眠薬などの多量の服用により意識がもうろうとした状態にあった」ために犯行に至ってしまったことを主張し，特別予防（薬物依存の克服，服薬管理の徹底，生活状況の改善などによる被告人の再犯防止）の観点から，再度の執行猶予を獲得することを刑事弁護の目的とした。その真摯な弁護活動は，再度の執行猶予付きの有罪判決を得ることによって，成果をあげた。

ただ，犯行時に被告人には，薬物依存など二重，三重の障がいがあったために，責任能力を争うことも可能であった事案ではなかったかとも思う。この点に関係して，以下，付言しておきたい。

刑事裁判の実務では，事実（有罪，無罪の実体判断に関係する事実）の認定や法令の適用と，刑の量定が厳格に二分されてはいない。そのために，責任能力を争う刑事弁護活動が奏功しなかったときは，看過できない「リスク」が生ずる。すなわち，障がいの内容や影響に関わらず本件被告人は処罰できるのだと裁判所，とくに裁判員によって結論されたときは，その障がいの内容や影響について，改めて〈刑の量定に関係する重要な事情〉として別途考慮させることが，困難になってしまうかもしれないリスクである。障がいを持つ被告人の刑事事件では，そのようなリスク避けて，争点を「情状弁護」に絞り込むべきケースもあるだろう。

他方，障がいを持つ被告人に責任能力の存否を争う十分な機会を保障することには，公正な裁判を受ける権利の保障という観点から，やはり大きな意味がある。

これらのことを考慮するとき，たとえば，次のような裁判例が参考になる。

大阪府八尾市の路上で20代の女性を押し倒したなどとして，強制わいせつ致傷罪に問われた男性の公判であった。検察官と弁護人側が争点を絞り込む「公判前整理手続」が行われ，弁護人は，被告人が統合失調症を患っていたことから「犯行時は善悪の区別がつかない状態で，刑事責任を問えない」と心神喪失を主張し，公判前整理手続中に精神鑑定が実施された。第1回公判期日において，裁判長は，「裁判員裁判を控え，わかりやすい内容にするため通常と異なる審理をする」と表明した。すなわち，2段階で審理を進める方針を示し，検察官と弁護人に対して，公判で医師が鑑定意見を示した段階で責任能力の存否の問題に絞った「中間的な論告と弁論」をするように指示した。そして，医師による鑑定内容の報告，検察官と弁護人による中間的な意見陳述が行われた後，裁判長は，「少なくとも心神喪失には当

たらない」と述べ，引き続いて，情状事実の証拠調べに移ったというのである（以上は，2008［平成20］年2月13日の朝日新聞の報道による）。

このような手続二分的な運用を求めることも，障がいを持つ被告人の刑事事件では，刑事弁護の重要な課題になるだろう。

3　障がい者の刑事事件と裁判員裁判

障がいを持つ被告人の刑事事件については，障がいが犯行の原因になっているか，少なくとも重要な誘因になっている場合が少なくない。そのため，障がいを持つ被告人の刑事事件においては，何より，障がいの内容ないし実状と，障がいを持つ被告人の状況を，それぞれ医師など専門家の補助を得ながら，裁判員にわかりやすく伝えることが刑事弁護活動の基本になる。たとえば，公判廷に医師など専門家を証人や鑑定人として召喚し，裁判員の面前で尋問を行うときも，弁護人はこの専門家たちの難解な供述内容を裁判員にわかりやすく伝えることに努力しなければならない。それが，障がいを持つ被告人の「訴訟能力」「責任能力」「情状」を争ううえで，必須の前提となる。

それでも，犯罪被害自体の悲惨さを知った裁判員は，素朴な処罰感情に囚われるかもしれない。「加害の行為と被害の結果があった以上，誰かが処罰されるべきだ」というのである。しかし，それは近代刑法が排除してきた「結果責任」の考え方に回帰するものになってしまう。そのような前近代的な処罰感情を裁判員に克服させることも，刑事弁護の重要な課題となるだろう。

そのためには，〈やってよいことと悪いことを区別し，悪いことはしないと判断できる人が，自らの判断によってあえて犯罪を行ったことについて非難し，処罰する〉のが近代の刑事法の基本原則であり，心神を喪失してその判断ができない人に対しては〈非難し，処罰する〉ことができないという，基本的な説明を，弁護人の立場からも行うことが重要となる。

障がいを持つ被告人の刑事事件において，上述したような実効的な刑事弁護が行われるとき，裁判員を含む関係者の意識も改革され，ひいては，刑事司法という場で障がいを持つ人々との社会的連帯も実現されていくことになるだろう。障がいを持つ被告人の刑事事件における裁判員裁判は，そのような大きな社会的使命を持つものであることを最後に確認しておきたいと思う。

（大阪市立大学大学院法学研究科教授　髙田　昭正）

8

少年逆送事件

教職員3人殺傷

18歳少年、懲役12年

大阪地裁 更生「障害配慮を」

大阪府寝屋川市立中央小学校で昨年2月、教職員3人が殺傷された事件で、殺人や殺人未遂の罪などに問われた卒業生の少年(18)の判決公判で、大阪地裁(栗田正信之裁判長)は、「少年は殺害に及ぶ際に殺意と強い殺意を持って3人を殺害しようとした」として検察官送致(逆送)した。

少年は広汎性発達障害と診断されたが、大阪家裁は昨年8月に「行動制御能力は著しく減退しているが、〈物事の是非を判断する〉理非弁識能力や行動能力は著しく減退しているとは言えない」として検察官送致を決定した。

寝屋川市立中央小の教職員殺傷事件で、05年2月14日午後2時ごろ、大阪府寝屋川市の同小に卒業生少年(当時17)が包丁を持って侵入、1階西側の1年1組、2年5組の教室で女性栄養士と女性教諭(当時52)を刺殺、2階廊下で女性教諭をけがをさせた。少年は捜査段階から犯行対象には執着するとの症状がある。

判決はまず、少年が発症、アスペルガー症候群、特定不能型など広汎性発達障害の特徴である物事の執着、対人関係に固執してしまう状況になり事件を起こしたと認定。さらに、少年が犯行後に司法関係者の処遇に応じて信用的処遇ができる施設を監獄行後に少年刑務所への収容を検討、改正少年法施行後に少年刑務所で、井迎刑も起訴する方針について検討、改正少年法施行後に少年刑務所で、井迎刑も起訴する方針について検討、改正少年法施行後に少年刑務所で、刑務官の専門的な知識を持つ教官のもとで段階的・継続的な訓練指導をすることが特別な配慮が必要だと認めた。そのうえで少年の処遇について「3人に対する殺意を有していた」と判断した。そのうえで少年刑務所に対し「犯行の悪質性に鑑み、刑罰法規によるべき目的である」と判決した。

さらに、少年の処遇については「犯行の悪質性に鑑み、刑罰法規によるべき目的である」と述べ、少年の更生の目的を目指して刑期の重要な意見を述べ、少年の改善に配慮して適切に処遇することを求めた。

(朝日新聞2006年10月19日付夕刊)

Case　　岩　佐　嘉　彦
Comment　守　屋　克　彦

岩佐 嘉彦　—IWASA Yoshihiko—

1963年　大阪府 生
京都大学法学部卒業
現在，弁護士（大阪弁護士会）

裁判員になるあなたへ

　私は，少年犯罪に対しては，社会にも一定の責任があり，少年の立ち直りのため社会は進んで手を貸すべきだと考えています。非行も犯罪である以上，被害者が存在します。少しでも重い刑罰を受けてもらいたいという被害者の気持ちを前に少年の立ち直りへの支援をどうすべきか。これは法律家だけではなく，社会がどう考えるのかという問題です。この本を手にした方が，この問題を一緒に考えていただければと思います。

守屋 克彦　—MORIYA Katsuhiko—

1934年　宮城県 生
東北大学法学部卒業．元裁判官
現在，東北学院大学大学院法務研究科教授
　　　弁護士（仙台弁護士会）

裁判員になるあなたへ

　少年の犯罪は，多くの場合，心身の未熟さの現れです。一見，悪質・残酷な犯行に見えても，手口の幼稚さとか，事態の混乱を収拾できない判断力の低さなど，未成熟さが現れている場合が少なくありません。事件の内容をよく見てください。そのうえで，未成熟な少年の被告人をどのように扱えばよいのか，法廷で明らかにされる刑務所での取り扱いや少年院などの保護処分の実情を，納得できるまで確かめられたうえで，大人の理性で，判断していただきたいと思います。

Case 8

少年ゆえの未熟さ

どのような事件か

　私と平野恵稔弁護士，上将倫弁護士が担当した少年による殺人事件（いわゆる寝屋川事件）は，2005［平成17］年2月14日，当時17歳の少年が大阪府寝屋川市内の少年の母校である小学校に入り，教職員3名を包丁で刺し，1名を死亡させ，2名に重傷を負わせたという事件である。被害結果が非常に重大であったこと，事件発生がまだ小学生が学校に残っている時間帯で，学校という本来安全であるべきはずの場所で起こったこと，少年がとくに学校に対して大きな恨みなどもっておらず，また少年に非行歴もなく，「突然」に事件に至っており，「動機」がまったくもって不可解であることから，報道等でも大きくとりあげられた。

なぜ弁護したのか

　寝屋川事件は，事件が発生した直後からテレビ等で報道されたため，大阪弁護士会はその日の夕方には少年のための弁護士を派遣した。だれを派遣するのかを相談したのが，平野弁護士と私であり，その結果，上弁護士を派遣することにし，さらに私と平野弁護士も弁護人に加わった（なお，後に雨宮沙耶花弁護士も参加）。
　私自身は，長く少年非行や児童虐待の問題等に関わっており，これだけの重大事件が発生した以上，自分が担当しなければならないという「使命感」のようなものがあった。なぜ弁護したのかといわれるとこれに尽きる。
　なお，少年は特定不能型の広汎性発達障がいを持っていたが，事件当初，私

は，この「広汎性発達障がい」については，名前を聞いたことがある程度だったが，事件を担当しているうちに次第に，広汎性発達障がいを持つ人たちの生活の困難さ，生きにくさを実感するようになった。そして，そのことをこの件を裁く裁判官にわかってもらいたいと強く思うようになった。

いわゆる逆送事件の特徴

　少年が成人と同じ刑事裁判手続きで裁かれる事件は「逆送事件」と言われている。事件を犯したのが少年の場合，検察官は捜査を終えて，まずは家庭裁判所に事件を送致するのだが，家庭裁判所がその少年には大人と同じような刑罰を科したほうがいいと判断した場合に，再度検察官に事件を送り，検察官が大人の刑事裁判所に起訴をする。検察官が事件を家裁に送った後に，事件が逆の方向で戻ってくるため「逆送」と言われている。ここでは，「逆送事件」の特徴について，まずふれておきたい。基本的には大人と同じ手続きとは言いながら，いくつか大きな特徴がある。

(1)　医学，心理学，教育学，社会学等の専門的知識を活用すべし

　家庭裁判所で少年に対する処分を決めるにあたっては，専門諸科学の活用が定められているのだが，逆送裁判についてもこの趣旨に従わなければならないと規定され（少年法50条），また刑事訴訟規則277条は，逆送裁判の進め方について「事案の真相を明らかにするため，家庭裁判所の取り調べた証拠は，つとめてこれを取り調べるようにしなければならない」と規定している。

　では，どうしてこのような特別な規定をおいているのだろうか。

　事件が重大であるとして逆送された事件であっても，少年による事件には違いはない。自分が少年だったころを思い出してみるとわかると思う。ほんのちょっとしたことで傷ついたり，大人からは想像もできないようなことで悩んだりする。また，育ってきた家庭環境や友人関係が少年の行動に大きく関係してくる。だからこそ，少年が何をしたかという表面的なことだけにとらわれることなく，その事件の背景，事件が起こったメカニズムを知ることが重要となる。そのため，医学，心理学，教育学，社会学といった専門知識の活用が必要であり，また少年裁判の専門機関とも言える家庭裁判所での調査の記録等も活

用しなければならないのである。
(2) 少年の目線にあった裁判を
　大人でもそうかもしれないが，少年は大人以上に不器用で，自分をうまく表現できない。少年が自分の考えていること，自分の見たこと，自分の知っていることを正確に話をするためには，少年が話をしやすい雰囲気を整える必要がある。先にあげた刑事訴訟規則277条が「少年事件の審理については，懇切を旨」とするよう規定しているが，これは少年を甘やかせと言っているのではなく，被告人である少年が話をしやすいように，不要な圧力がかからないような環境・雰囲気のなかで裁判を行わなければならないということなのである。
(3) 家庭裁判所に事件を戻すべきかどうかが問題になることが多い
　少年法55条は，逆送裁判において，裁判所が相当と認めるときは，事件を家庭裁判所に戻すことができると規定している。
　家庭裁判所の決定でいったん事件は刑事裁判にまわされたのだが，場合によっては，事件を再度家庭裁判所に戻すことができるのである。家裁に戻すべきかどうかについても，裁判官と裁判員とで判断することとなっている（裁判員法6条2項2号）。
　成人の刑事裁判所で最終判断を下すとなると，少年は労役を中心とする刑務所（少年刑務所）に行くことになる。事件を家庭裁判所に戻せば，少年は再犯防止を含めた矯正教育を行っている少年院等に送致される。
　少年に対し，刑罰か，矯正教育か，どちらがよいのかを判断することになるのである。
(4) 少年に下される刑罰の特徴
　事件を家庭裁判所に戻さず，刑罰を加えるとしたときも，被告人が少年の場合には，刑の緩和措置がいくつかおかれている。少年の場合，家庭や社会からの影響も受けやすく，成人と比べて少年自身の責任が少ないと言える部分があることや，少年は未成熟で柔軟性を持っているため，問題点を修正しやすいこと，また最も成長発達していく時期にあまり長く刑務所に収容したのでは，かえって犯罪性を増やしてしまうおそれがあることから，刑を受ける期間を緩和し，また刑務所での少年の成長度合いを見て，柔軟に出所できるように配慮をしている（いわゆる不定期刑）のである。

具体的には，犯罪を犯したとき18歳になっていなかった場合は，死刑が相当であるとしてもそれを科すことはできないし（無期懲役刑を科すことになる），無期刑を科すべき場合であっても，10年以上15年以下の範囲で刑罰を科すことができる。

　また，死刑や無期刑に相当すると考えられる場合（ただし先の通り緩和措置がある）以外は，たとえば懲役3年以上7年以下といったように不定期刑を科すこととなっている。

　不定期刑の趣旨はすでに触れたが，ただ，実際は，不定期刑の長期（先の例であれば7年）が仮釈放等を考える場合の基準になってしまっているようであり，現実には法律が想定した運用がなされていないという問題がある。

どういう点が問題となったのか

(1) 刑罰か矯正か

　この事件は，少年による犯罪であったので，まずは家庭裁判所で審理がなされたが，成人と同じ刑事裁判を受けることが相当であると判断され（逆送），以後，成人と同様の手続きで裁判が進められた。

　この件で弁護団が最も大きく問題としたのは，事件を少年法55条に基づいて，家庭裁判所に戻すべきであるという点であった。とくに，2000［平成12］年になされた少年法の「改正」により，殺人事件をはじめとする一部の重大事件については，少年であっても原則として刑事裁判で行うべきであり，家庭裁判所で少年院送致等の処分を行うには，それを正当化できる特別の事情が必要であると考えられるようになったため（このような特別の事情を必要とするという考え方をとることについては弁護人らは反対ではあったが），本件ではその特別な事情があるのかとの点が問題となった。

(2) 少年が持つ広汎性発達障がいについて

　① これだけ事件が重大なのだから，けじめとして刑務所に入ってもらった方がいいのか，それともこれだけの事件を犯していてもなお少年の矯正教育（立ち直り，再犯防止）を優先して考えるべきか。この点を考えるにあたり，今回の事件がなぜ起こったのか，少年の再犯を防ぐためにはどのような処遇がよ

いのかの検討が必要だが，これに関しては，少年が持つ広汎性発達障がいに対する理解抜きには考えられない。

　広汎性発達障がいとは，自閉症，アスペルガー障がいと，そのいずれにも該当しない特定不能の広汎性発達障がいの集合体であり，その特徴は，情緒的な意思疎通を含め他人と相互理解をする能力について生まれ持っての障がいがあること，行動や精神活動について特定の事項に強いこだわりを示してそれを反復化しやすいという強迫的傾向がある。一般に，人はコミュニケーションをする際，相手の発する言葉だけではなく，相手の表情や話の流れ，言葉の背景にある相手が持っている気持ち等を総合してこれを行っているが，このような相手の感情を読みとって意思疎通を行うことは少年にとってきわめて困難なのである。

　②　本件の少年の場合，知的には遅れはない（むしろすでに大検に合格しているくらいだから，知的レベルは高い）ものの，先の特徴を持っていた。

　広汎性発達障がいは，すでに指摘したような特徴を持つ一方で，とくに知的障がいを伴わない場合には，障がいの存在が気づかれにくいために，お互いに誤解を生んでしまう（というよりは，むしろお互いにとって相手の行動が謎でまったく理解できない）ことが多く，これが本人の疎外感や孤立感等につながることも少なくない。

　発達障がいの理解のため，本件でのエピソードをいくつかとりあげる。

　取り調べの過程で，「どうしてこのような事件を起こしてしまったのか説明できなくて恥ずかしくないのか」と警察官に聞かれた少年は，「恥ずかしくありません」とはっきりと答えた。少年は，その答えが警察官にどう受け取られているかにも気づいていない。今回の事件は，少年があるときから「うつろな気分」にとらわれ，「先生」「刺す」という言葉が頭に浮かび，その内容に固執し，これを実行してしまったもので，少年にとってもその理由はよくわからないとしかいいようのない状態だった。ただ，警察官の質問は，言葉どおり「恥ずかしいか恥ずかしくないのか」を聞いているのではなく，「事件を起こした理由を必死になって考えなさい」「事件を起こして申し訳ないという気持ちはないのか，反省の気持ちはあるのか」という意味であり，だからこそ，通常であれば，それに答えられないと「申し訳ない」という気持ちが生じ，それを踏

まえた受け答えをすることになるが，そのような警察官が持っている感情，質問の背景にある文脈を読みとることが少年には難しい。

また，少年は裁判ではすべて正直に話をするべきだということに極端にこだわりを見せていた。そして，自分は何とか反省したいと述べる一方で，被害者のことを考えることがたまに面倒くさいと感じることもあること等をそのまま公判廷で述べたことがある。これに対し裁判長が「何でも正直に答えればよいというものではない」と諭す場面もあった（少年にとっては，正しく裁く立場の裁判官からときにはウソをついても良いと言われ，ますます訳がわからなくなったであろう）。

これらの受け答えの背景に，少年に悪意はまったくなく，少年なりに真面目に一生懸命答えた結果なのであるが，相手から見ると理解不能な応答となってしまっている。彼がこれまで生きてきて，このようなコミュニケーション障がいを重ねてきたため，相手は少年に対し，場が読めないおかしな奴，人を馬鹿にしているのではないか等と感じ，ときには無視し，つらくあたり，少年からすれば意味不明の状況のなかで疎外感・被害感を強めていくのである。

少年に悪意なく，一生懸命生きてきたのであり，また，現在もそうであることを裁判官に理解してもらうことが重要であった。

(3) 殺意・責任能力について

少年の関心は，本件では「刺す」という行為（形式）に集中していた。一般的に考えると，包丁で人を刺そうとする者は，相手に死んでもらいたい等といった結果を欲していることになるが，少年はある意味「結果」には関心はなかった。このような認識，行動パターンは広汎性発達障がいの特徴をよく表しているが，この場合において，少年に殺意があったといえるのかどうかが問題となった。

また，本件少年については，彼が持っている障がいゆえに規範の重みを実感しづらく，また一度ある行動を着想してしまうとそこから別の発想には移りにくいという特徴がある。良いことと悪いことの区別は言葉のうえでは理解しているが，表層的な理解にとどまってしまっている。このような状況のもと，少年について完全に刑事責任能力があると考えて良いかどうかも問題であった。

(4) 少年院と少年刑務所との違いについて

事件を家庭裁判所に戻すべきかどうかを判断するうえでは，少年院と少年刑

務所との違いをどのように理解するのか。とくに広汎性発達障がいを持つ少年に対し、それぞれの施設でどのような対応が可能なのか、少年刑務所では具体的にどのような処遇がなされるのかが問題であった。

　ここで、少年院と少年刑務所との違いについて、少し触れておきたい。

　言うまでもなく、少年刑務所といえども刑務所であり、懲役刑を実施する。懲役刑とは所定の作業を行わせる刑である（刑法12条2項）。最近、刑務所における再犯防止のための取組みが部分的に進められようとしている（なお、刑事収容施設及び被収容者等の処遇に関する法律84条1項・92条・93条・103条・104条）。ただ、これは、あくまでも作業を行わせることを中心にするとのスタイルはくずさない範囲で（崩してしまうと懲役刑ではなくなってしまう）、これを実施するというものである。したがって、作業を管理する刑務官が中心となって、労役を科すスタイルは変わらない。

　これに対し、少年院は、少年を矯正し、立ち直らせ、犯罪を犯さないように成長させることが目的となっている。少年院では、教科教育や生活訓練、職業訓練等が行われる。刑務所では作業をすること自体が目的であるが、少年院では、再び犯罪を犯すことのないようにするため、作業や勉強、生活訓練等総合的に少年に働きかけを行うのである。少年院の職員のほとんどが少年の成長を支えることを専門にする教官や技官で占められているのである。少年院と刑務所の両方で仕事をしたことのある人たちから話を聞くと、両者にはとてつもなく大きな違いがあり、仕事をしていても最初はあまりの違いの大きさに驚いたとのことであるが、このニュアンスを裁判官に実感してもらうことは難しい作業でもある。

(5)　**反省について**

　なお、反省についても、重要なテーマであった。少年にとっては、相手の感情を理解する、情緒的に共感することが大変難しい。そのため、広汎性発達障がいを持たない定型発達者のように、心からわき起こってくる悔悟の念や反省するという気持ちを持つことが困難である。他方で、今回の件では少年は「真の謝罪の念を持たなければならない」と終始考えており、少年なりにどうすればそのような気持ちになれるのか試行錯誤していた。私たちが期待する反省ができていないとしても、それは少年のせいではなく、むしろ少年は大まじめに

何とか反省したいと思っているということを裁判所に伝えなければならなかった。

(6) 被害者のこと

本件では，亡くなった被害者の遺族や重傷を負った2人の教職員は，捜査段階から峻烈な被害感情を表明していた。また，家庭裁判所における審判や逆送後の刑事裁判でも意見陳述し，厳しい意見を述べている。被害者がどのように考えているのかは，本件の結論に非常に大きな意味を持っていた。ただ，裁判所が必要以上に被害者の考えを「尊重」してしまうのではないかが問題であった。

実際の弁護活動

当初の捜査の段階で，専門の児童精神科医によってなされた鑑定や，家庭裁判所の審理の段階で少年鑑別所技官や家庭裁判所調査官によってなされた調査により，本件事件発生の機序は，次のようなものであると指摘されていた。

少年は，少年が持つ発達障がいゆえに独特に認知の仕方，ものの考え方をしていることもあり，小学校の頃から強い疎外感を味わったり，被害感を抱くようになり，これに対し，少年は相手を痛めつけるような場面を想像するなど攻撃的な空想を行うようになった。少年は非行行為等に出たわけではないが，被害念慮や攻撃的空想はエスカレートしていった。その後，少年の生活状況は一時落ち着きをみせ，本人も他の青年と同じような生活を送りたいと思うようになり，アルバイトをしたり予備校に通い始めるなどしはじめた。ただ，もともと人付き合いが苦手な少年にとって，一気に対人関係が広がったことが逆に負担となり，精神的なコントロールが聞きにくい状態（うつろな気持ち）に陥ってしまい，たまたま着想した教師を刺すという考えに固執し，事件を起こしてしまった。

少年が強い疎外感をどうして持ってしまったのか，独特の認知をする少年の独力でそこから抜け出すことはいかに困難であったのか，もがけばもがくほど少年にとっては意味不明の世界が広がるばかりであったことなど事件に至る経緯については，少年の広汎性発達障がいの特性を理解しなければ，了解不可能である。

刑事裁判（1審）では，広汎性発達障がいの特性（殺意，責任能力，本件事件が発生した機序とも関わる）について，本件事件の鑑定にあたった医師や，事件当時少年が通っていた精神病院の医師の証人尋問を請求した。少年院と少年刑務所との違い，本少年については少年刑務所での処遇は適切とは言えないことを理解してもらうため，少年院にも少年刑務所にも勤務経験のある元技官を証人請求した。また，本件では，もともと家庭裁判所での審理の段階において，少年鑑別所技官や家庭裁判所調査官が少年刑務所ではなく，少年院に送致すべきであるとの意見を述べていたことから，これらの者が作成した報告書を証拠として請求するとともに，報告書に記載された内容を元調査官に「解説」してもらうために証人尋問請求した。これらの証人はいずれも採用された。
　これに対し，検察官からは，被害のあった学校の校長やPTA関係者の尋問の請求がなされこれが実施されたほか，被害者からの意見陳述もなされた。私たちは，事件発生当初から，被害者側と接触したいと考えていた。また，被害者との面接が実現できるのであれば，本件事件が起こるに至った機序や少年の精神状況を説明し，少年の側の事情を少しでも話をしたいと思っていたが，最後までかなわなかった。
　大阪地方裁判所は，2005［平成17］年10月19日判決を下した。事件を家庭裁判所に戻すという判断はなされず，少年を懲役12年に処する旨の判決であった。
　ただ，判決はその末尾に「処遇に関する当裁判所の意見」として，少年の処遇に対し，「事案にかんがみ」異例ともいえる意見を述べている。「広汎性発達障がいを有する者に対しては，障がいに対する専門的な理解を十分に身につけた上で処遇をする必要がある」こと，「服役後の社会適応を高めるような療育的な処遇が再犯防止のために望まれることを前提にして，広汎性発達障がいに対する専門的な知識を有し，この障がいを有する収容者に対する処遇プログラムのノウハウを持っている法務教官を配置したうえで，個別処遇計画を策定すること」等を求めた。
　この判決に対しては，検察官，弁護人ら双方が控訴したが，2007［平成19］年10月25日に原判決を破棄し，懲役15年に処するとの判決を行い，これが確定した。
　高裁判決は，少年院のほうが少年刑務所よりも再犯防止のための処遇を実施

する力があることには触れつつも，本件の被告人において少年刑務所で処遇することが有害無益とまではいえないのであって，事件を家庭裁判所に送致するとの弁護人の意見は採用できないとした。

裁判員に被告人が「少年」であることをいかに伝えるか

(1) 専門的な内容の説明

　地裁での私たちの戦略は，結論としては功を奏したとはいえなかったが，裁判員制度下においても同じ戦略をとったと思う。

　本件では「少年院と少年刑務所との違いを説明する」「証人」や「調査官が作成した報告書を解説する」「証人」が採用された。これまでの経験では，裁判官は，これらの点について十分わかっているわけではないと思うが，十分わかっていることが前提となって裁判が進められており，このような説明型，解説型の「証人」は採用されにくい面があった。

　しかし，裁判員裁判制度下では，このような「裁判官が建前上はわかっている」事項についても，裁判員はわからないことが前提であり，いかに裁判員に理解してもらうかという点を正面から議論がしやすくなる部分もある。

(2) 課　題

　ただし，課題も少なくない。

　そもそも，最初に述べたが，逆送事件は，成人と同じ刑事手続きで裁かれているといっても，少年を被告人とする裁判であり，その犯罪の背景には少年特有のものがある。刑罰を決めるにあたっても，少年の未熟さや立ち直りやすさ，長期間の刑罰が及ぼす影響等も考える必要があるはずである。

　しかし，このような考え方について裁判員の理解を得ることが本当にできるだろうか。また，少年院や少年刑務所との違いについて，わかってもらえるだろうか。

　今まで，専門家の間では「当然」としていたことを，1つ1つかみ砕いて説明をする必要がある（なお，これまで刑事裁判官がこのような少年特有の事情にどれくらい理解をしてくれていたのかという問題もあって，そう考えるとそれほど悲観的になる必要はないかもしれない）。

ましてや，本件のように「広汎性発達障がい」という精神医学上の概念をどうやって裁判員に理解してもらうのかについては，もっともっと工夫が必要になる。ことが専門的な分野に及ぶだけに，図面をできるだけ積極的に活用し，また，それぞれの尋問でも，目で見てわかる簡潔なレジュメや鳥瞰図等を作成したうえで，証人尋問にのぞむことになるだろう（この間，模擬裁判等を通じてみる一般のかたの考え方には，「反省しているか，していないか」を判断の重要な要素としている人もある。本件被告人は，反省することがそもそもその生まれ持っての障害により難しいということを理解してもらうことが，基本的，かつ困難な作業になると思われる）。

　また，少年のプライバシーに深く関わる家裁調査官が作成した報告書をどのようにして取り調べ，裁判員の人たちに理解してもらうかという問題もある。家庭裁判所の審理段階で調査官が作成した報告書を裁判員に十分理解してもらうために，元調査官等の尋問を行う等して，「見て，聞いて，わかる」ようにしなければならない（本来は，担当した調査官を尋問すべきであるが，証人として採用される可能性が高いとは思えない。結局，すでに退職した元調査官を頼ることになるだろう）。

　逆送事件といえども少年に対する裁判であり，被告人たる少年が環境からの影響を受けやすいこと，少年の高度なプライバシーに関わる事項を尋問することを考えると，これをすべて公開の法廷で行うことについては疑義もある。今後は，裁判員裁判をより充実化させるため，少年事件については必要に応じ，裁判の非公開を部分的に行う運用を検討すべきではないかと考える。

　また，地方裁判所（刑事裁判所）から家庭裁判所への事件の移送について，特別の事由がない限り家裁に事件は戻さないという解釈は完全に確定をみたわけではない。このような状況のなかで，裁判所が移送の要件について裁判員にどのような説明をするのか，それに対し，弁護人としてはどう考えるのかが非常に重要になると思う。

　被害者の峻烈な被害感情が必要以上に裁判員に影響を与えてしまわないかという点は最も心配される点の1つといえる。これについては妙案があるわけではない。被害者が事件発生によって，きわめて困難な立場に追いやられることは事実であるが，他方で加害者や加害者の家族も社会的に厳しい状況に追い込

まれることや，加害者がどう更生できるかは社会（私たち）が考えなければならないことであるという点を丁寧に示して，愚直に理解を求めていくしかないと思う。

少年犯罪に対する世間の風あたりは強い。裁判員裁判は，もろにその風圧に少年をさらすようなものとも言える。ただ，加害少年に対する健全育成の発想は，社会の一定の理解なしには進めることができない。裁判員裁判は，日本の少年司法が持つ健全育成の発想のよさを，一般の人たちに説明する場，理解を求める場，少年司法に対する誤解を解く場と考える必要があると思う。

なお，この原稿を書くにあたり，大阪で実施された少年逆送事件の模擬裁判（大阪弁護士会子どもの権利委員会模擬裁判対策プロジェクトチーム・事務局長山口崇弁護士）での経験を大いに活用させてもらったことを最後に述べておきたい。

（弁護士　岩佐　嘉彦）

Comment

1　はじめに

裁判員の参加する刑事裁判に関する法律（裁判員法）は，被告人が少年である場合を配慮した特別の手続はまったく設けていない。しかし，少年法55条の規定による家庭裁判所への移送の決定については，事実の認定，法令の適用および刑の量定と同様に，裁判官と裁判員の合議により決するものとしている。したがって，裁判員は，起訴された少年について，有罪・無罪の判断と刑の量定という成人刑事裁判における判断に加えて，その事件が少年法に定める保護処分が相当であるかどうかといういわゆる保護相当性についても判断する権限を持つことになる。

設例の寝屋川事件は，17歳の少年が犯した2名の殺害，1名の傷害という重大な事件であり，しかも学校内で教師を殺害した凶悪な犯行として社会的に関心を呼んだ事件である。一方で，少年側には特定不能型広汎性発達障がいという重要な資質上の問題があり，刑罰を選択するか保護処分を選択するかが公判での重要な争点になった。少年の刑事裁判の難しさの要因を備えている典型的なケースである。岩佐

嘉彦弁護士を中心とする弁護団は，少年の重大な刑事事件について一般的に行われている弁護方針にならって，間然することのない弁護方針を立て，他の事件のモデルになるような弁護活動を行っており，争点となった少年法55条の適用の可能性，つまり再び家庭裁判所に送って刑罰の代りに保護処分にすることはできないか（保護相当性）という点に関しても，望みうる限度の主張と立証が尽くされているように思われる。しかし，このような事件が，裁判員裁判の対象となった場合に，これまでの裁判官による審理と異なって，弁護人の弁護活動上の制約となりそうな要因がないか。その点を，保護相当性の審理に限って検討してみたい。

2　刑罰か保護か

　まず，少年の事件について，刑罰を科すか保護処分を選択するかという保護相当性の判断は，難しく，悩みの多い判断である。裁判員制度は，刑の量定についても一般市民の健全な社会常識を反映させることを意図して，諸外国の市民参加の例と異なり，裁判員に量刑の判断権を与えた。しかし，量刑は，単なる応報によって決せられるものではなく，有罪とされた者を教育し，社会に復帰させるための側面も含むところから，人間関係諸科学に関するさまざまな専門的知識や行刑に関する知識を必要とし，また公平性・平等性への配慮も必要とされるという専門性の高い判断といえる。そのために，1回限りで裁判に関与する市民が適正な量刑判断をなし得るのかという疑問を根拠に，裁判員の権限から量刑判断を除外すべきだとする意見もいまだ根強い。保護相当性ということになれば，さらに，刑罰と保護処分の相違に対する知識や，犯罪の理解のための心理学，精神医学その他の経験諸科学の専門的な知識も要求されることになるかもしれない。裁判員が，このような重責をまっとうするためには，どのような審理が必要になるか，あるいは，その審理において，裁判員に何を期待するかという問題である。

3　家庭裁判所の判断の位置づけ

　この点を意識してか，最近，裁判所側から公にされた研究では，裁判員の保護相当性の判断領域を限定したり，取り扱う書証を限局しようとする傾向が現れているように見える。少年法55条の保護処分相当性の主張を，基本的には家庭裁判所の判断を尊重し，刑事処分以外の処置をとる「特段の事情」に関する判断要素が変化した場合に，少年法55条の保護処分相当性が認められるにすぎないという見解のもとに，「特段の事情」のほとんどが当該犯罪行為自体に密接に関連する事情であり，

少年法55条の判断は，原則として通常の量刑における考慮要素と同様の要素をもとに判断すれば足りるとする考えである。その考えは，「特段の事情」の審理に必要な証拠としては通常は一般の刑事裁判と同様の証拠で判断しうるので，社会記録が必要になる場合でも，基本的には少年調査票の調査官の意見欄だけで証拠としては足りるという考え方につながっている。

4　健全な常識の反映

しかし，裁判員裁判が，家庭裁判所の判断に対して，どのようなスタンスで臨むかということは，考えなければならない問題である。これまでであれば，審級が同じ裁判所であるとか，家庭裁判所の判断の専門性に一目おくというような発想が，事件を刑事裁判に付すべきとする家庭裁判所の判断を刑事裁判においても尊重する理由となし得たかもしれないが，裁判員裁判が，一般市民の健全な常識を裁判に反映させようとするものであるとすれば，市民の参加がない家庭裁判所の判断が専門性を理由に裁判員裁判に対する優位性を主張できるとするのには無理があるのではないだろうか。刑事処分相当とする家庭裁判所の判断の多くは事案の重大・悪質性を重要な判断要素として保護不適とするものであり，その典型は，少年法20条2項のように，法律の定めに従って検察官送致がなされるものである。経験諸科学による専門的な判断というよりも，法律的・社会的評価の面が強いと考えられる。その判断が，裁判員の健全な常識により，改めて検討されることになるとする構成こそが，裁判員裁判の時代にふさわしい解釈というべきであろう。

5　どのような審理が必要になるか

そうだとすれば，裁判員の保護相当性の判断は，犯罪行為のみならず，行為者の全体像とそこに含まれた資質あるいは環境についての問題に関する正確な資料の提供を受けたうえで，なされるべきことになろう。言い古されたことではあるけれども，少年犯罪者の多くは加害者であると同時に被害者でもあることが多い。また，適切な量刑ないし処遇は，犯罪を見るだけではなく，犯罪者を見ることによって得られるものである。被害者感情の深刻な悪質重大と見られる事件でも，事件の重大さそのものが，行為者の未成熟の反映である場合もある。未成熟な者の犯行を前にして，刑を緩やかにしたり，保護・矯正の手段が有用であるとされてきた歴史の背景には，応報感情を超えた人間としての理性が働いていることを否定することはできないであろう。また，犯罪の予防のために，刑罰以外の手段が有効であり，「保

護」は社会を保護することに通じるということが刑事政策の1つの到達点を示すことも正確に理解さるべきである。1回限りの参加とはいいながら，裁判に臨もうとする市民に，このような少年の犯罪行為に関する多様な問題をできるだけ提供したうえで，判断を求めることを考えるべきである。犯罪行為に限られた資料だけでは，広い視野はとうてい望めない。市民の英知や創造性を掘り起こすための審理が必要である。このような理想をともなわず，手軽で迅速な審理を志向するようなことがあるとすれば，そのような運用は，自らの手で裁判員裁判の基礎を掘りくずすことになりかねないというべきである。

6　証拠調べの工夫

　そのような課題を解決するためには，書証の取調べにも工夫が必要である。

　裁判員裁判では，法律の非専門家である市民の裁判員を前提とするために，「見て，聞いて，わかる」審理を実践命題として，直接主義・口頭主義の徹底がはかられている。この立場では，裁判員が書証を自ら読んで心証を採ることを否定して，書証の内容を法廷で全文朗読して心証を形成することを原則とすることになる。しかし，供述している内容が，日常の生活体験の領域のものであれば，聞く者としても，特段の専門的知識を要することなく証拠の内容は理解できるであろう。しかし，鑑定書のように，専門的な知識に裏づけられた学術的な用語が用いられている書証は，裁判員ならずとも，朗読を聞いただけで内容を理解することは困難であろう。また，内容が専門的ではないにしても，大部な書証は，朗読に長時間を必要として裁判員の集中力を害することになるし，審理も冗漫になりかねない。このような点から書証としての取扱いに工夫を要するのが，少年事件の社会記録である。少年の社会記録は，中心となる家庭裁判所調査官作成の調査報告書のほか，少年，保護者その他関係者に対する各種の調査報告書，または学校照会書，職業照会書，被害者その他参考人に対する照会書，保護観察所，少年院に対する成績照会書などとその回答書，少年鑑別所が作成する鑑別結果通知書，保護観察所，少年院などの処遇機関の処遇経過など，多種類の書面が編綴された1冊の記録である。寝屋川事件では，家庭裁判所調査官の調査報告書や鑑別所技官の鑑別結果通知書が証拠として採用されている。しかし，裁判員裁判においては，各書類の内容が「見て，聞いて，わかる」という要請に合致するものであるかどうかが問題となろう。次いで，裁判員に理解されるような取り調べ方法が可能かという問題にも逢着しよう。先に述べた裁判所の研究が，少年調査票の調査官の意見の部分だけに限定しようとして

いることも，この辺の難しさを意識して，書証の必要な部分を絞り込もうとしている意図があるように思われる。しかし，先にも述べたように，保護相当性の判断を行おうとすれば，社会記録に象徴される，少年の資質，環境全般にわたる資料を裁判員法廷に提供することは，職業裁判官による裁判以上にその必要性が大きいというべきである。したがって，弁護人としては，検察官の同意が得られる限りの書証を証拠申請し，朗読に際しても，裁判員の集中力を維持させるために，あらかじめ書類の項目の目次を配布したうえで，ゆっくり読むなどの工夫をこらすことで裁判所を説得し，書証の朗読の手間や時間という技術的な問題で，裁判員法廷に対する情報提供をおろそかにすることがないように努めるべきであろう。

　さらに付け加えれば，検察官から不同意とされた部分の立証や，弁護人側からの反証については，岩佐弁護士たちが行ったように，元家庭裁判所調査官など，精神医学や臨床心理の専門家の証言を求めて，犯罪事実以外の事件の情報を裁判員法廷に提供する努力を行うことになろう。もとより，口頭主義による全文朗読によって，社会記録に含まれる少年や関係者のプライバシー情報が被害者や傍聴者に公にされてしまうという懸念もあるので，少年の年齢や事件の内容に応じた配慮を裁判長に要請していく必要があることになるが，ここでは，少年の刑事裁判の弁護の中心課題が，要保護性に関する判断材料をいかに多く裁判員法廷に提供するかということを指摘するだけにしたい。

7　充実した審理を

　裁判員裁判が目指す「見て，聞いて，わかる」審理は，これまでの供述調書依存型の刑事裁判に，革命的な変化をもたらそうとしているように見える。しかし，その行き過ぎが，これまで専門的な知識に裏づけられてきた刑事裁判の質を低下させるものであってはならないであろう。また，裁判員の負担軽減を理由に，証拠を節約して皮相な認定につながるものであってもならないであろう。裁判員が，一回限りの関与ではあるにしても，難しい事件に正面から取り組み，一般市民の良識を示すための英知と創造性を引き出すために，弁護人としても，公判前整理手続でしのぎを削ることになる。少年の刑事裁判は，そのような努力を弁護人に要求するいわゆるタフな事件といえる。

（元裁判官　守屋　克彦）

裁判員時代の刑事弁護

1　弁護人の仕事

　被告人の権利と利益を守る。無実の人が起訴されればその人が無罪となるように全力を尽くす。罪を犯した人が起訴されれば，判決にあたってその人に有利に考慮すべき事情を弁じて処罰が重すぎないように全力をあげる。日本中が被告人を非難するような事件でも，ただ１人被告人の味方となって権利と利益を守る，それが刑事弁護人の仕事である。

　裁判員裁判になっても，もちろんそれは変わらない。しかし，有罪か無罪かだけでなく，刑の重さを決める判断者に市民である裁判員が加わる。このことによって刑事裁判は激しく変わるだろう。それにともなって刑事弁護も変わらざるをえない。激しい変化を前にして私たち弁護士は希望と不安を抱いている。

　　※　この一文には「弁護士」という言葉と「弁護人」という言葉が出てくる。「弁護士」とは弁護士法で「関係人の依頼や委嘱によって訴訟事件その他の法律事務を行うことを職務とする者」と定義されている。「弁護人」というのは刑事訴訟法上被疑者・被告人の弁護を任務とする者のことである。弁護士の職にある私が被告人から依頼を受けて弁護をする場合，弁護士後藤貞人が被告人〇〇さんの弁護人として活動するのである。

2　希　　望

　希望とはこうである。

　これまでの刑事裁判では裁判官と被告人の間には越えることのできない大きな河があった。裁判官は裁くための教育を受け，被告人を裁くことを職業とする人である。被告人となったことはないし，被告人を弁護した経験もない。おそらくは，被告人として法廷に連れてこられるような人と身近に接したことが

ある人も少なかろう。一方，被告人はこれまで人を裁いたことはなく，将来裁くこともない人たちである。裁く人と裁かれる人が交替することはなかった。

しかも，裁く人はくる日もくる日も被告人を裁いてきた。多くの事件を掛け持ちで担当してきた。そして同時並行的に裁判を進めていた。扱う事件の99％以上が有罪である。被告人が無罪であると主張する事件でも結果はほとんどが有罪判決である。無罪の事件が潜んでいてもそれは例外中の例外にすぎない。検察官を信じて有罪の判決をするのに比べて，無罪を発見するには膨大なエネルギーを要する。有罪の判決書と無罪の判決書を見比べると，裁判官が無罪の判決を下すことに対していかに大きなエネルギーを費やすかがわかる。有罪の判決の何倍ものエネルギーがいるのである。そうしないと，検察官の控訴によって，苦労して言い渡した無罪の判決が高等裁判所で簡単に破棄されてしまう危険があるからである。すべての事件についてそのようなエネルギーを注ぎ込めない。

ところが裁判員裁判では，市民が裁判官とともに有罪か無罪か，有罪とすれば刑の重さをどの程度にするかの判断者となる。ほとんどの裁判員は生まれてはじめて裁判をする。生身の被告人を目の前にするのも初めての経験かもしれない。自分の判断が被告人の人生を左右することを重く受け止めない裁判員はおそらくいないだろう。くる日もくる日も裁判をしてきた裁判官と違って，生まれて初めて裁判をする裁判員が終始真剣に取り組まないはずがない。

希望の根源はそこにある。

3 不　　安

一方大きな不安がある。

事実を認定する素人の能力に不安があるのではない。裁判員は法律の素人ではあるが，事実認定の素人ではない。事実認定という作業は，証拠によって被告人が検察官の主張するような犯罪を犯したか否かを判断する作業である。裁判員の判断のテーマは，「検察官が合理的な疑いをいれない証明をしたか」である。わかりやすく言うと，証拠を検討して常識に従って判断した場合，被告人が起訴状の罪を犯したことが間違いないと断言できる程度に達するまで検察

官は証明できたか，を判断するのである。そのような判断をすることに専門家も素人もない。そもそも事実認定の専門家などどこにもいない。

不安は別のところにある。

その不安を理解してもらうためには，これまでの裁判がどのようなものであったかを説明しなければなるまい。

警察官は捜査をしてそれを証拠化していく。検察官は警察から証拠を送られる。それに加えて自らも捜査して証拠化する。それらの証拠を検討して被告人を起訴する。検察官が請求する主要な証拠に供述調書がある。取調べをした警察官や検察官が，取調べの相手である関係者や被告人になりかわって「私は…」と１人称独白スタイルの文章を書くのである。文章の終わりに取り調べられた者が署名指印をする。その下の欄に警察官あるいは検察官が「以上のとおり録取して読み聞かせたところ，誤りのないことを申し立てて署名指印した」と書く。そして執筆者の警察官あるいは検察官が最後に署名捺印する。

おそろしく要領の悪い説明しかできない人の供述調書であっても，ひとたび警察官や検察官の筆にかかると，理路整然としてわかりやすい文章で書かれる。これらの供述調書をつなぎ合わせると，いかなる人物がどのような事件を起こしたかが，その内心にまで立ちいたってわかる…ような気がするのである。

供述調書は，多すぎる裁判を担当し，いつも時間と闘っている裁判官にとって有用このうえない証拠である。無罪の判決をするときのようなエネルギーを常に費やす余裕は与えられていない。とすると，裁判官の多くが効率を考えて審理をするようになるのは必然である。法壇に座って目の前で検察官や弁護人が述べることを聞いて理解するより，整理され，明快な文章で書かれた書面を読むほうが時間をとられない。わかりにくい証言を聞くより捜査官が理路整然と書いた文章のほうがてっとり早く理解できる。

こうして，裁判官にとって書面を読むことが裁判の中核部分を占めることになった。大量の書類を読みなれた裁判官にとって書面を読むことは苦にならない。苦にならないどころか，法廷で聞いて理解するより執務室で読んだほうがよくわかる。そして書類を読んで心証を形作ることになると，審理と審理の間隔をおいてもあまり支障を感じない。昨日のことが記録されている書面と１年前のことが記録されている書面とでわかりやすさに違いがないからである。間

隔をおくことが支障にならないどころか、多数の事件を書面中心の審理によって同時並行的にするには間隔をおくことがむしろ適切と考えられる。

かくして法廷での審理は形骸化していったのである。裁判官だけがそうなったのではない。それに合わせて検察官はますます供述調書を重視し、取調べに力を注いだ。それだけではない。弁護人も、供述調書が事実認定の中核になるかもしれないことを前提として弁護方針を組み立てていた。要するに書面審理に対応した法廷弁護をしてきた。

さて、前置きがいささか長くなった。そう、調書裁判を批判してきた弁護士も、その実どっぷりと調書裁判に浸かっていたのである。

調書裁判から公判中心の裁判に頭を切り替えることが果たしてできるか。裁判員を説得の対象とする技術に切り替えることができるか。弁護士はあまりにも長い間職業裁判官を相手にしてきた。そしてあまりにも長い間調書裁判になれてきた。そのために、裁判員裁判では弁護人としてどのように振る舞うべきかに戸惑いがある。

不安はそこからくる。

4　8人の弁護士の体験と決意

前章で8人の弁護士が刑事弁護の体験と、裁判員裁判のもとでその事件の弁護人となったとすればどのように弁護したであろうかを語った。そこから、裁判員裁判に臨もうとする弁護士の希望と不安、そして決意が伝わってくるであろう。

坂根真也弁護士は、被告人が保釈された状況で裁判に臨むことの重要性を裁判員となるべき人たちに理解してほしいと訴えている。また強盗と窃盗をどこで線引するかというようなことについて、市民感覚に対する期待を表明している。

秋田真志弁護士は、弁護の基本は変わらないと言いつつも、調書裁判からの決別が裁判員裁判の最大の意義であると指摘する。そして裁判員裁判では真実をありのまま明らかにすることがこれまで以上に重要だとの認識を示した。

陳愛弁護士は、事故による火災を犯罪だと間違って捜査、起訴された事件を紹介し、裁判員裁判では科学的・専門的な証拠をまず弁護人がよく理解するこ

との重要性を指摘している。また，弁護人が取調べの状況を具体的，リアルに，かつわかりやすく再現して自白の成り立ちを明らかにする必要があるという。そうすることによって，自白の任意性について，職業裁判官より裁判員のほうが検察官に対して厳しい目を向けるであろうことを期待している。

神山啓史弁護士は，死刑が求刑される事件を紹介し，弁護の基本は変わらないという。きちんとした姿勢で事実を争えば裁判員は理解してくれる，と裁判員に対する信頼を表明している。ただ，死刑事件では被告人が犯行時からどのように変わってきたかも死刑を選択するうえで重要な意味を持つ。ところが，一気に審理が終わりまでいってしまう集中審理では，変わりうる人間としての被告人の変化を見定めることができないことをおそれる。そこで，必要があれば，公判を前期と後期に分けて審理することも考慮してよいのではないかと提案している。

髙野嘉雄弁護士は，量刑問題についても従来の情状弁護活動と同様の対応が基本であるとしたうえで，犯罪行為とそれに関する情状を徹底的に細部まで立証する必要性を強調している。その一方で，裁判員に対しては説得の一歩手前の同調・共鳴で止めるべきだと指摘している。雄弁すぎてはならないというのである。刑務所の実体や無期刑・仮出獄の現状などを指摘する必要があるとも述べている。

金岡繁裕弁護士は，責任能力が問題になる事件を紹介した。裁判員には精神鑑定を正しく理解することは難しいうえ，責任能力制度を正しく理解することも難しいとの見通しを語っている。また精神障がい者の人権保障は市民の多数決になじまないのではないかという問題も提起している。しかし同時に市民の公平に対する敏感さに期待を表明している。

藤原大吾弁護士は，手話通訳を必要とする事件では通常以上に被告人との打合せをして，障がい者である被告人の立場が裁判員に理解されるようにすることが大切であると説く。同時に，弁護人が被害者の立場を深く理解することが必須であると強調している。

岩佐嘉彦弁護士は，これまで裁判官が当然理解しているという建前のもとに割愛されてきた基本的な事項について，正面から議論することができると期待している。その一方で，少年特有の事情を理解することの困難性，家庭裁判所

の調査官が作成する社会記録を証拠とすることにともなう問題，公開の法廷で審理することの問題，などを課題としてあげる。そして，裁判員裁判は日本の少年司法がもつ健全育成の発想の良さを市民に理解してもらう場と考える必要があるとの考えを示している。

　8人の弁護士は裁判員裁判になっても弁護の基本は変わらないということでは一致している。一方，今まで裁判官，検察官，弁護人の間で当然のこととして前提とされてきた事柄のうちには，そのままでは裁判員に理解されないことがいくつもある。8人の弁護士はそのことを懸念している。しかし同時に，だから裁判員裁判は駄目だという弁護士は1人もいない。8人の弁護士に共通するのは市民に対する信頼である。

　8人の弁護士は，審理の変化にともなって弁護の方法が大きく変わるであろうことを覚悟している。弁護人が変わるべきだという認識では一致している。そして積極的に変わろうとしている。

　さてそれでは刑事弁護をどのようなものにするべきか。

5　裁判員裁判における公判弁護の基礎と準備

　法壇に裁判員のならぶ公判における弁護が，裁判員を意識したものになるのは当然である。公判開始前に審理の計画を立てるために開かれる整理手続における弁護人の活動も裁判員を意識したものになる。それだけではなく，捜査段階の弁護も将来の裁判員裁判を念頭においたものになる。弁護人は弁護のすべての段階で常に市民からなる裁判員を意識することになる。

　ここでは捜査段階や公判前整理手続の段階はひとまずおいて，裁判員が弁論や証拠調べを直接見聞きすることになる公判の弁護がどうなるかを見ていこう。

(1)　求める結論の明示

　弁護人は求める結論を裁判員と裁判官に受け入れてもらわねばならない。たとえば，「無罪」という結論を求めるのであればその結論を受け入れてもらわなければならない。酌むべき情状があり「死刑にすべきではない」との結論を求めるのであれば，死刑にしてはならないとの結論を受け入れてもらわねばな

らない。「刑の執行猶予」を求める場合も同様である。さらに「懲役〇年の刑」と弁護人から求める刑の重さを明示する場合もあるだろう。

　弁護とは，求める結論を受け入れてもらうための作業だといってもよい。

(2)　結論を導く説明のあり方

　裁判員や裁判官が，弁護人の求める結論を受け入れるのはどのような場合か。それは，裁判員や裁判官が事件の見方を弁護人と共有する場合である。その見方を伝える説明はどのようなものでなければならないか。

　まず，求める結論を論理的に導くものでなければならない。かつ法的にも求める結論を導くものでなければならない。そして，重要なのは，公判で取り調べられるすべての証拠を矛盾なく説明できるものでなければならないことである。そのような事件についての説明ができてはじめて，裁判員と裁判官は弁護人の求める結論を受け入れる。

　たとえば，陳弁護士が報告した足立進のCase 3をとりあげよう。かりに弁護人が「本件はホットプレートからの出火である。足立さんは火をつけていない」と説明するとしよう。その説明は「無罪」という結論を論理的に導く。また足立は放火をしていないというのであるから，法的にも放火罪については無罪との結論に結びつく。しかし，たとえば火災直後の状況を記録した実況見分調書の写真にホットプレートの痕跡が見あたらなければ，その説明は証拠と矛盾することになる。またホットプレートが自動的に電源が切れるタイプの製品であったという証拠があれば，説明は証拠と矛盾することになる。裁判員や裁判官は証拠と矛盾する説明を受け入れないだろう。

　もし説明が真実に沿ったものであれば，あらゆる証拠を矛盾なく説明できるはずである。

　一見矛盾する証拠が出てきても，実は矛盾しない理由が見つかるはずである。たとえば，ホットプレートが実況見分調書の写真に写っていないのは写真の貼り間違いによることが他の証拠から判明したとすれば，上記の説明は証拠と矛盾はないことになる。あるいは，自動的に電源がきれるタイプの製品であるはずが，消費者センターへの苦情例を調べると，「自動的に電源が切れない」という多数のクレームがあることがわかったとする。そうすれば，上記の説明は「自動的に電源が切れる」と記載してある製品の仕様書のような証拠と矛盾

しないことになる。

　このように，弁護人はあらゆる証拠を検討して，公判が始まる前の段階で論理的かつ法的に正しい結論を導く説明を確立しておく必要がある。

(3) 証拠調べの方針

　それではその説明の裏付けとなる証拠調べに対してどのような方針で臨むべきか。証拠は，それを取調べする方法によって，証人，証拠物，および証拠書類に分類できる。人，物，書類である。これまでの裁判では書証が証拠の主要な部分を占めていた。供述調書等が事実を認定するときの主要な証拠となってきたのである。

　たしかに，証人尋問では質問と答えがかみ合わないことが少なくない。1人称独白スタイルの理路整然とした供述調書よりもわかりにくいことがある。証言に重複や飛躍があって無駄な部分もあるだろう。整理された供述調書はそれをもとに判決を書く場合には便利である。しかし，捜査段階で作成された供述調書はどこまでいっても捜査官の作文である。そのうえ，そもそも人が本当に理解するのは，理路整然として無駄のない書面を読むことによってではなかろう。重複や無駄の部分も含めて聞くことによって，初めて人はよく理解するのである。

　したがって，裁判員裁判における証拠調べでは，供述調書の朗読ではなく証人の証言によることが原則とされる必要がある。弁護人はきっぱりと調書裁判に別れを告げなければならない。そのほうがはるかに裁判員に理解されやすいだけでなく，被告人の権利と利益をよりよく守ることにもなる。

　被告人の話を十分聞いた。被告人の話で疑問になるところは問い正した。検察官が請求する証拠やその他の証拠の検討をすべて終えた。そして，求める結論を決めた。求める結論を論理的かつ法的に導く説明を考えた。その説明が証拠と照らし合わせても矛盾がないことを確認した。

　いざ公判に臨む。

6　公判の開始と進行

(1)　冒頭手続

　法壇の後ろの扉が開く。「きりーつ」廷吏の声が法廷に響く。全員が起立して，裁判員と裁判官の入廷を迎える。いよいよ公判がはじまる。

　裁判員は法廷ではじめて被告人の姿を見る。被告人は緊張している。9人もの裁判員と裁判官が法壇に並べば誰だって緊張する。いわんや，この人たちが自分の運命を決めるのである。被告人は緊張の極にある。

　一方，裁判員も緊張している。初めて裁判員として重責を担うのである。一段高い法壇に座る。予想したよりはるかに高い壇の上に椅子がある。前方の左右に検察官席と弁護人席がある。被告人は弁護人の隣に座っている。座席だけでは弁護人との区別が付かない。しかしどの人が被告人かがすぐわかる。緊張が伝わってくるからである。「この人が被告人か」「これが有罪か無罪かを決め，有罪であれば刑の重さを決めなければならない被告人か」。被告人だけでなく弁護人や検察官がいる。傍聴席にも大勢の人が座っている。裁判員も緊張の極にある。

　「開廷します」裁判長が開廷を宣言して公判手続が始まる。

　裁判長が被告人に氏名本籍住所等を聞いて人違いがないか確認する。このとき裁判員ははじめて被告人の声を聞く。か細い声だ。検察官が起訴状を朗読する。裁判長が被告人に黙秘権を告げる。

　　「あなたには黙秘権があります。質問に対して答えたくなければ答えないでもよいのです。答えたくなければ，全部の質問に答えないでもよいし，一部の質問にだけ答えないこともできます」「もちろん答えたければ答えることができます。ただし，この法廷で喋ったことは，有利不利を問わず証拠となります。わかりましたか」「そのうえで聞きますが，ただ今検察官が読み上げた起訴状について何か言いたいことがありますか」

　被告人が答える。「私は放火をしていません」
　次に，弁護人が陳述する。

　　「足立さんは放火をしていません。本件はホットプレートか電気配線から発火

した事故です。足立さんは無罪です」

　公判手続を冒頭手続，証拠調べ手続，弁論手続，判決手続の4つの手続に分けることができる。その第1段階の手続がここで終わった。
　証拠調べは，証拠調べのいわば予告編でありガイダンスである冒頭陳述と証拠そのものの取調べからなる。人，物，書類を調べるのである。

(2)　**冒頭陳述**

　証拠調べ手続は検察官の冒頭陳述で幕をあける。検察官の冒頭陳述によって裁判員は検察官が証明しようとしている事実がどのようなものであるかを知る。これまで弁護人が冒頭陳述をすることはほとんどなかった。しかし，裁判員裁判では，検察官の冒頭陳述の次に必ず弁護人が冒頭陳述をする。
　弁護人は冒頭陳述で，被告人がどのような人であり，事件はどのようなものであったかを語る。その物語は求める結論を導く事実によって組み立てられる。それによって裁判員や裁判官は，目の前にいる被告人と検察官がつい先ほど冒頭陳述で述べた被告人の人物像には相当隔たりがあることがわかる。この事件には，検察官とはまったく違った見方があることを理解する。
　たとえば，こんなふうに弁護人の冒頭陳述は始まる（下記の陳述は実際に行われたものではなく本稿の筆者が考えた。以下の尋問や最後弁論も同じ）。

　　「放火ではありません。事故なのです。足立さんはホットプレートをつけたまま居眠りをしてしまいました。しばらくして，ホットプレートか電気コードから発火したのです。火災があり人が亡くなられました。いたましいことです。しかし本件は犯罪ではなく事故なのです。」　　　　　　　　　　　　（Case 3 放火罪）

　検察官と弁護人の冒頭陳述によって，この事件の争点がくっきりとわかる。双方が事実をストーリーで語るからである。そのストーリーは，弁護人が公判が始まる前に検討した，「論理的かつ法的に求める結論を導く説明であってすべての証拠を矛盾なく説明できる説明」にしたがって組み立てる。そして，弁護人はストーリーを語る前に，最初にこの事件のテーマを明確に裁判員に示す。Case 3 では「ホットプレートをつけっぱなした結果の事故」がテーマである。
　秋田弁護士の扱った Case 2 の殺人事件では，

「そのとき佐藤さんの心のなかで何かがプツンと切れました。佐藤さんは静かに耐えてきました。長い間耐えてきました。耐えてきたものが心の中に積み重なっていたのです。寒い夜でした。藤田さんの車のタイヤを交換していたとき，そのときプツンと切れたのです。」　　　　　　　　　　　　　　　（Case 2 殺人罪）

と冒頭陳述が始まる。テーマは「心のなかで何かがプツンと切れた」である。

　双方の冒頭陳述によって，検察官と弁護人の対立が裁判員の前にくっきり姿をあらわす。

　冒頭陳述が終わると，証拠の取調べが始まる。どのような証拠をどのような順序で調べるかは原則として公判前の段階で決まっている。

　どちらのストーリーが正しいのか，証拠はどうなっているのか。裁判員や裁判官はこれから法廷で証拠を目で見て，耳で聞くのである。

　冒頭陳述に続いて，まず物と書類を取り調べる。その後に証人尋問である。

(3) 証人尋問―検察官の主尋問

　立証責任は検察官にある。そのため，争いのある事件では検察官請求証人の尋問から始まる。証人を請求した方が尋問するのを主尋問，相手方が尋問するのを反対尋問という。検察官の主尋問の目的は，被告人が罪を犯したという検察官の主張の全部あるいは一部を直接間接に立証することである。

　私たちは調書裁判に別れを告げた。検察官が主尋問で調書をなぞるような誘導尋問をすれば異議を申し立てる。

　　検察官「被告人から何をされたんですか」
　　証　人「バックのひもを引っ張られました」
　　検察官「あなたはどうしたんですか」
　　証　人「バックをつかんで引っ張りました」
　　検察官「すると被告人はあなたの右肩を強く殴ったのですね」
　　弁護人「異議。誘導尋問です」　　　　　　　　　　　　（Case 1 強盗致傷罪）

　誘導尋問とは，そのなかに答えを含む質問である。あるいは答えを示唆する質問ともいえる。誘導尋問には「はい」か「いいえ」で答えることができる。検察官は，被告人が証人の右肩を強く殴った，という情報をすべて含んだ問い

を発した。これに対して証人は「はい」「いいえ」で答えることができる。

　しかし，主尋問では誘導尋問は許されない。誘導尋問は，証人の記憶に基づく答ではなく，尋問者の望む答えを引き出すおそれがあるからである。

(4)　証人尋問―弁護人の反対尋問

　次はいよいよ反対尋問である。反対尋問は疑問を確かめるためのものではない。証人と議論をする場でもない。反対尋問は，実は「尋問」ではなく，裁判員と裁判官の前に事実を呈示するものだといってもよい。

　　弁護人「あなたもバックを引っ張ったんですね」
　　証　人「そうです」
　　弁護人「被告人は引っ張り返しましたね」
　　証　人「はい」
　　弁護人「被告人の力は強かった」
　　証　人「男ですから」
　　弁護人「あなたは取られまいとした」
　　証　人「そのとおりです」
　　弁護人「それで，いっそう強く引っ張った」
　　証　人「はい」
　　弁護人「あなたの上半身は後ろに反った状態になりますね」
　　証　人「はい」
　　弁護人「被告人が右手を出したのはそのときですね」
　　証　人「はい」
　　弁護人「ところで，そのときあなたはハイヒールを履いていましたね」
　　　　　　　　　　　　　　　　　　　　　　　　　　（Case 1 強盗致傷罪）

　反対尋問では事実を聞く。弁護人の物語に沿った事実を聞く。それを誘導尋問のかたちで聞くのが基本的な反対尋問である。結論を聞かない。たとえば，次のようには聞いてはいけない。

　　弁護人「バックを引っ張り合って不安定な姿勢のうえに，あなた，ハイヒールを履いていたんだから，少し押されただけで後ろに倒れたのではないですか」

　そう聞くと，

証　人「いえ。足を開いて踏ん張っていたので，不安定というほどでもありません。被告人から強く殴られたから倒れてしまったのです」

　という答えが返ってくるかもしれない。結論を聞くのではなく，結論を導く事実を聞かなければならない。
　さて，ある証人について，検察官が主尋問をし，弁護人が反対尋問をする。これを交互尋問という。対立する検察官と弁護人が交互に聞くのではなく，大岡越前が聞くように裁判長が証人に聞く方法もありうる。一方の立場から尋問するよりも，中立の立場から質問する方が真実を聞き出しやすいのではないか。にもかかわらず，なぜ交互尋問という方法がとられるのか。
　この方法は人間についての深い洞察からきている。神のように唯一の真実を見極めることができる人間なぞ1人もいない。神のように問い，神のように判断することのできる人はいない。ではどうすればよいのか。異なる立場の人間が交互に尋ねる，それこそが鍵である。密室ではなく公開の法廷で尋ねる，それこそが基本である。事実を認定し刑の重さを判断する人の前で尋ねる，それこそが重要である。
　検察官と弁護人がそれぞれの見方を前提に交互に尋問する。検察官は「被告人が思い切り殴り倒した」という観点で証人に主尋問をする。弁護人は「少し押しただけなのに被害者がバランスを崩して倒れた」という観点で反対尋問をする。双方に偏りがあるからこそ，交互に繰り広げられる尋問によって，その証言がどこまで信用できるかがわかってくる。ただ，交互に好き勝手に尋問されても困ってしまう。そこで，「主尋問では誘導尋問をしてはいけない」「証人が直接経験していない事実は聞いてはならない」「意見を聞いたり議論をするような尋問はしてはいけない」などというルールが決められた。そのルールに違反する尋問をした場合には相手方が異議申立をできるようにした。
　裁判員や裁判官はルールに従って目の前で繰り広げられるやりとり見て聞いて，「本当は何が起こったか」を判断するのである。

(5)　**被告人質問**
　証拠調べも終わりに近づいた。被告人質問は弁護人にとって最大の山場の1つである。裁判官は公判前に被告人の発言を聞いているかもしれない。しかし

裁判員は被告人自身の口から最初の冒頭手続で一言聞いただけである。これまでの証拠調べのなかで検察官の説明には大きな疑問がわいてきている。弁護人の冒頭陳述における説明のほうが真相を語っているのではないか。しかし，弁護人の説明にもいくつかの疑問が残った。その疑問を被告人自身が解消してくれるだろうか。

そのようなときに被告人質問が始まる。

弁護人は被告人質問で２つのことを明らかにする。被告人はどのような人物であるか。事件はどのようなものであったか。この２つである。

８人の弁護士が弁護した事件を報じた当時のマスコミは，後に裁判官が無罪の判決をした事件も含めて，被告人をおそろしい犯罪者と報道していた。実際，マスコミ報道を見ている限りは極悪非道の犯罪者に思われる。捜査段階では警察官や検察官によって被告人の供述調書が作成される。その調書には被告人に有利と思われるような記述もある。ただし，どこまでいっても，捜査官の作文である。全体としてみるとやはり捜査官の目から見た被告人像しか書かれていない。

だが，私たちが弁護人として接するそれらの事件の被告人は，マスコミが報道する犯人像とは違う。捜査官の作った供述調書から浮かぶ像とも違う。

被告人にも幼年時代があり，少年時代がある。悩みがあり，喜びがある。当たり前のことだが，私たちと同じように生きて生活してきたのだ。裁判員と裁判官にそのことがわかるようにするにはどうすればよいか。

弁護人がする被告人質問は主尋問である。誘導尋問をしてはいけない。誘導尋問は証人の記憶による答えではなく尋問者の望む答えを引き出すおそれがあるから許されないことはすでに説明した。がそれよりも重要な理由がある。それは，主尋問の主人公は証人・被告人であることに由来する。裁判員や裁判官は弁護人の話を聞きたいのではない。「被告人の」話を聞きたいのだ。被告人が話すためには誘導しないように聞かなければならない。

　　弁護人「あなたは仕事でいろいろトラブルがあったのですね」
　　被告人「はい」
　　弁護人「仕事以外でもトラブルがあったのですね」
　　被告人「はい」

弁護人「それではストレスがたまりますよね」
被告人「はい」
弁護人「そのストレスのために精神的にかなりまいっていましたね」
被告人「はい」
弁護人「本件はあなたが精神的に参っているときに，藤田さんから寒い夜にタイヤの交換をしてくれなどという非常識なことを言われて起こしてしまった事件ですよね」
被告人「はい」
　　　　　　　　　　　　　　　　　　　　　　　　　　　　（Case 2 殺人罪）

　このような尋問を聞いても，裁判員や裁判官には，被告人が精神的にまいっていた状態であることなどまったく伝わってこない。ハンマーを振り上げた動機も十分に伝わらない。

弁護人「事件当時あなたが仕事を終えるのは何時頃でしたか」
被告人「いつも1時を回っていました」
弁護人「なぜそんなに遅かったですか」
被告人「クレームがたくさん…」
弁護人「いくつくらいあったのですか」
被告人「4つかな5つかな」
弁護人「どんなクレームか教えてください」
被告人「えー，少し前にようやく契約できたとおもっていたのが，お客さんが契約書に不備があるからキャンセルだと…」

　　　　　　　　　※　　※　　※

弁護人「クレームの問題でどのような影響がありましたか」
被告人「他の営業ができませんでした」
弁護人「その結果どうなったのですか」
被告人「収入が落ち込んでいました」
弁護人「仕事以外でどんなことがあったか説明してください」
　　　　　　　　　　　　　　　　　　　　　　　　　　　　（Case 2 殺人罪）

　このように聞いても，裁判員や裁判官には十分伝わらないかもしれない。しかし，少なくとも被告人がしゃべっている。ただし，誘導しないと人前ではほとんどしゃべれない被告人がいる。「説明してください」という質問にはほと

んど答えられない被告人もいる。さらに，そもそも自分を語る言葉を持ち合わせていない被告人もいる。

とはいっても，言葉でしか裁判員や裁判官に伝えられない。伝える手助けをできるのは弁護人しかいない。弁護人は事前によく被告人と話し合って伝えるべき言葉を2人で探す。そのうえで誘導しないで被告人質問をするのである。

被告人質問を最後に証拠調べは終わる。

裁判長「検察官，弁護人ほかに何かありますか」
検察官「ありません」
弁護人「ありません」
裁判長「それではこれで証拠調べを終えて検察官からご意見をお伺いします」

(6) **最終弁論**

検察官の最終弁論は論告と呼ばれる。その後に弁護人が最終弁論をする。野球に例えれば，弁護人は9回裏に登板する機会を与えられた投手ということになろう。裁判員と裁判官が，仮に検察官の論告を聞いて検察官の主張に同意していたとしても，逆転がありうる。全力をあげて最終弁論をしなければならない。

最終弁論では検察官と論争をする。証拠の評価をする。証拠は弁護人の主張の正しさを示していることを論証する。そして最後に求める結論を明確に述べる。

裁判員と裁判官は疲れている。そして最終弁論の直後には評議に入る。そこでは裁判員にとって最も重大な責務が待っている。つかれているだけでなく近づいた評議を前にして緊張と不安を感じている。

そのような裁判員と裁判官に対して長々と証拠を要約してはならない。弁護人が要約するまでもない。たった今まで裁判員と裁判官も証拠調べを見聞きしていたのである。つかれて緊張している裁判員を退屈させてはならない。挨拶は抜きだ。この裁判のテーマをもう一度明らかにしたうえ，いきなり核心に迫ればよい。

「ホットプレートをつけっぱなしにした場合に出火するか。出火します。検察官の主張は間違っています。
火災直後の室内の写真をもう一度見てください。検甲5号証の写真18です。（拡大写真を貼ったパネルをイーゼルに立てかけて）拡大した写真がこれです。この2

カ所にショート痕があります。消防署員のXもこの法廷でショート痕であることを認めました。ところが，Xはショート痕であることを認めながら，それは火災によって生じた二次的なショート痕だと証言しました。本当でしょうか。もう一度同じXが作成した火災原因判定書を確認してみましょう。判定書にはこう明記してあります。『電気配線からの出火の可能性がある』それだけではありません…。」 (Case 3 放火罪)

 最終弁論のあと被告人が最終陳述をすれば，その後裁判員は弁護人の手の届かない評議室に移る。その前に最終弁論でもう1つ述べておかねばならないことがある。それは刑事裁判の原則である。

 裁判員が職責を果たすために特段法律の勉強をする必要はない。刑法や刑事訴訟法の知識がなければ，裁判官のように法律に従って手続きを進めることはできないだろうが，証拠に基づいて事実があったかどうかを認定することはできる。

 とはいえ，裁判員にも刑事裁判の原則の理解は必要である。必要というより必要不可欠である。裁判員が厳格に守らなければならない原則はわずかである。

① 無罪推定　　すべての被告人は有罪が宣告されるまでは無罪として扱わなければならない。
② 証拠による裁判　　マスコミ報道などによってではなく，裁判員が法廷で見聞きした証拠に基づいて判断する。
③ 立証責任　　被告人が犯罪を犯したことを証明する責任は検察官にある。裁判員の判断することは，「検察官は被告人が罪を犯したと証明できたか否か」である。検察官が証明できた場合に有罪，それ以外は無罪としなければならない。
④ 立証の程度　　証拠を検討した結果，常識に従って判断し，被告人が起訴状に書かれている罪を犯したことは間違いないと考えられる場合に，有罪とすることになる。逆に，常識に従って判断し，有罪とすることについて疑問があるときは，無罪としなければならない。

(最高裁判所ホームページに基づく)

 裁判長はこれらの原則を裁判員に伝える義務がある。また実際に伝えるだろう。しかし，正確に力強く伝えるとは限らない。そこで，弁護人からも裁判員

に伝える必要がある。裁判員が立証責任と証明基準についての正しい認識とそれが重要である意識を評議室でも持ち続けるように，正確でわかりやすい，そして力強い説明が必要である。

フランスの重罪院における裁判体は3人の職業裁判官と9人の陪審員からなる。日本の刑事手続とは相当違うが，市民と職業裁判官が一緒になって合議をして結論を決めるところは同じである。評議室の壁にフランス刑訴法353条の条文が掲げられている。陪審員の義務を定めたその条文は，次のようにしめくくられている。

> 「あなたは心の奥底から確信を持ったか？」
> ※ フランス刑訴法353条は自由心証主義についての規定であると解釈するのが一般的であるが，実質的には合理的な疑いを入れない証明のことを定めていると理解する考えもある（フランス刑訴法については工藤美香弁護士の教えを受けた）。

最後に求める結論を明確に述べて最終弁論を終える。

坂根弁護人「本田さんに執行猶予を付した判決を求めます」　（Case 1 強盗致傷罪）
秋田弁護人「是非とも執行猶予付の判決とされたい」　　　　（Case 2　殺人罪）
陳　弁　護　人「事実と法，そして常識によって導かれる結論は無罪です」
　　　　　　　　　　　　　　　　　　　　　　　　　　　　（Case 3 放火罪）
神山弁護人「刑罰は犯罪者を真に反省させ，人間として更生させる意味を持つものであるはずです。被告人を死刑にすることは，それに反します」
　　　　　　　　　　　　　　　　　　　　　　　　　　　　（Case 4 死刑事件）
髙野弁護人「無期刑は重すぎます。15年より重い刑を科すべきではありません」
　　　　　　　　　　　　　　　　　　　　　　　　　　　　（Case 5 量刑事件）
金岡弁護人「木村さんには治療こそ必要です。刑罰を科すべき人ではありません。無罪の判決を求めます」　　　　　　　　　　　（Case 6 責任能力）
藤原弁護人「〇〇さんに再度の執行猶予を付した判決を求めます」
　　　　　　　　　　　　　　　　　　　　　　　　　（Case 7 障がい者による事件）
岩佐弁護人「本件を家庭裁判所に移送することを求めます」（Case 8 少年逆送事件）

最後に被告人が最終陳述をして弁論手続が終了する。

裁判長「それでは閉廷します。判決は明日午後1時この法廷で行う予定です。た

だし評議しだいでそれ以後になることがあります。」
　裁判員と裁判官が法壇の後の扉から消えた。
　そして，評議室の扉が開く。評議がはじまる。

…あなたは心の奥底から確信を持ちましたか？

（弁護士　後藤　貞人）

あとがき

　本書は，ある日裁判員になるかもしれない人びとに向けた書である。

　私たちにとって，刑事事件も刑事裁判も身近である。毎日のように新聞やテレビで犯罪の報道を見聞きするからである。社会の耳目を集めた裁判の様子も報道される。しかし，同時に，法律家ではない普通の人びとにとって，刑事事件も刑事裁判も遠い世界のことである。裁判員となる人たちは犯罪とは無縁である一方で，毎日「凶悪」事件の報道を目にしている。
　本書を出版する意義はここにある。
　本書によって，「凶悪」な事件の被告人も私たちと別世界の人間でないことが伝われば幸いである。誤った起訴がどのようにして起こるかの一端が伝われば幸いである。死刑，量刑，責任能力，障がい者による事件，少年逆送事件を扱った弁護活動を通じて，弁護人の苦闘が伝われば幸いである。

　ある日あなたに裁判所からの通知が届く。あなたは選挙人名簿をもとに作成された裁判員候補者名簿からくじで選ばれたのだ。決められた日に他の候補者とともに裁判所に出向いて裁判官から質問を受ける。弁護人か検察官から不選任とされずに残った人から，最終的に6名の裁判員と数名の補充裁判員が選ばれる。裁判員は公判にのぞみ，法廷でくりひろげられる審理のすべてを見聞きする。…証拠のすべてを見て聞いて，その後に有罪か無罪かを決める。有罪のときには刑の重さを決める。
　つまり，被告人の運命を決めるのである。

　そのときに本書が直接役立つことはないだろう。なぜなら，被告人は1人として同じ人間はおらず事件も1つずつ違うからである。また，弁護人や検察官の訴えることも違うだろうからである。しかし，裁判員に選任されるかもしれないすべての人が，弁護人はなぜどのように「悪い人」を弁護するかを理解す

る一助となるかもしれない。その理解は，裁判員に選ばれたときに，事実と証拠，そして被告人をありのままに見ることに繋がる可能性がある。そうなれば望外の幸せである。

　歴史は多くの人が証拠によらず罪に問われてきたことを教えている。少し前の時代まで，疑わしいという理由だけで無実の人が獄に繋がれてきた。今日わが国のみならず世界中の多くの国で刑事裁判の原則とされているのは，そのような歴史から学びとられた英知の結晶である。その原則は，まったくむずかしくないが，何度繰り返してもよいくらい重要である。その原則は，裁判員が被告人の運命を決めるときの羅針盤である。ここで改めて繰り返すことをお許し願いたい。

　裁判は，法廷に立つ被告人が無罪である状態から出発する（無罪の推定）。その無罪の推定を覆して有罪の証明をする責任は検察官にある（立証責任）。検察官はその証明を証拠によってしなければならない（証拠裁判）。検察官が無罪推定を覆し有罪の証明をできるハードルは「合理的な疑問が残らない程度」である（合理的疑いを残さない証明）。

　最後に，法律文化社の掛川直之さんに心からお礼を申し上げる。本書の構成と内容は掛川さんの問題意識と提案による。そして本書を発刊までこぎつけられたのは掛川さんの熱意によるところが大きい。

2009年4月10日
後藤　貞人

執筆者一覧

＊村井　敏邦（むらい　としくに）	龍谷大学大学院法務研究科教授
坂根　真也（さかね　しんや）	弁護士
福島　至（ふくしま　いたる）	龍谷大学大学院法務研究科教授
秋田　真志（あきた　まさし）	弁護士
川崎　英明（かわさき　ひであき）	関西学院大学大学院司法研究科教授
陳　愛（ちん　あい）	弁護士
石塚　章夫（いしづか　あきお）	元裁判官／弁護士
髙木光太郎（たかぎ　こうたろう）	青山学院大学社会情報学部教授
神山　啓史（かみやま　ひろし）	弁護士
石塚　伸一（いしづか　しんいち）	龍谷大学大学院法務研究科教授
藤田　政博（ふじた　まさひろ）	政策研究大学院大学大学院政策研究科准教授
髙野　嘉雄（たかの　よしお）	弁護士
安原　浩（やすはら　ひろし）	元裁判官／弁護士
片山　徒有（かたやま　ただあり）	被害者と司法を考える会
金岡　繁裕（かなおか　しげひろ）	弁護士
本庄　武（ほんじょう　たけし）	一橋大学大学院法学研究科准教授
浅野　健一（あさの　けんいち）	同志社大学大学院社会学研究科教授
藤原　大吾（ふじわら　だいご）	弁護士
髙田　昭正（たかだ　あきまさ）	大阪市立大学大学院法学研究科教授
岩佐　嘉彦（いわさ　よしひこ）	弁護士
守屋　克彦（もりや　かつひこ）	元裁判官／東北学院大学大学院法務研究科教授／弁護士
＊後藤　貞人（ごとう　さだと）	弁護士

（執筆順／＊は編者）

■編者紹介

村井 敏邦（むらい としくに）
1941年　大阪府 生
一橋大学法学部卒業
現在，龍谷大学大学院法務研究科教授／龍谷大学矯正・保護研究センター長
　【主要業績】
『刑法―現代の「犯罪と刑罰」[新版]』（岩波書店，2005年），『民衆から見た罪と罰―民間学としての刑事法学の試み（龍谷大学矯正・保護センター叢書）』（花伝社，2005年），『裁判員のための刑事法ガイド』（法律文化社，2008年）など多数.

後 藤 貞 人（ごとう さだと）
1947年　大阪府 生
大阪大学法学部卒業
現在，弁護士
　【主要業績】
『コンメンタール公判前整理手続』（現代人文社，2005年／共著），『裁判員裁判における弁護活動―その思想と戦略』（日本評論社，2009年／共著），『法廷弁護技術［第2版］』（日本評論社，2009年／共著）など多数.

Horitsu Bunka Sha

被告人の事情／弁護人の主張
―裁判員になるあなたへ―

2009年5月21日　初版第1刷発行

編　者	村　井　敏　邦 後　藤　貞　人
発行者	秋　山　　　泰
発行所	株式会社 **法律文化社** 〒603-8035 京都市北区上賀茂岩ヶ垣内町71 ☎ 075-791-7131／FAX 075-721-8400 URL:http://www.hou-bun.co.jp/
印　刷	共同印刷工業株式会社
製　本	株式会社藤沢製本
装　幀	白沢　正

ISBN978-4-589-03175-4
©2009 T. Murai, S. Goto Printed in Japan

村井敏邦 著
裁判員のための刑事法ガイド
A5判・180頁・1995円

もしも裁判員に選ばれたら…。不安を抱える市民のために，これだけは知っておきたい基礎知識をていねいに解説する。裁判のしくみから手続の流れ，刑法理論までカバー。裁判員時代の法感覚を身につけるための最適書。

松宮孝明 編
ハイブリッド刑法〔総論〕〔各論〕
総論：A5判・340頁・3465円
各論：A5判・380頁・3570円

学部とロースクールを架橋する新たなテキストシリーズ。基本から応用までをカバーし，アクセントをつけて解説した基本書。レイアウトや叙述スタイルに工夫をこらし，総論・各論とを相互に参照・関連させて学習の便宜を図る。

中川孝博・葛野尋之・斎藤 司 著
刑事訴訟法講義案
B5判・210頁・2835円

情報量をおさえて要点を列挙し，基本的な論理の流れや知識間の関連づけを整理した講義パートと，そこで得た知識を定着させるための短答パートで構成されるテキスト。刑事訴訟法の基本的思考枠組を形成するために最適。

木谷 明 著
刑事裁判の心〔新版〕
—事実認定適正化の方策—
A5判・296頁・3780円

「事実認定の適正化」を説き，実体的真実発見主義に基づく公正な裁判の課題を追究してきた著者が心血を注いだ論集。「富士高校放火事件」に関する記述を大幅に書き改めた新版。

木谷 明 著
事実認定の適正化
—続・刑事裁判の心—
A5判・310頁・3675円

「疑わしきは罰せず」の原則はいかに生かされるべきか。永年にわたる裁判官の実務を通して事実認定の適正化を説く著者が心血を注いで論述。司法研修所での講座も盛り込む。好評を博した『刑事裁判の心』の続編。

前野育三先生古稀祝賀論文集刊行委員会 編
刑事政策学の体系
—前野育三先生古稀祝賀論文集—
A5判・554頁・12600円

「犯罪者の処遇と人権」「少年刑事政策」「現代社会と犯罪」の3部構成からなり，刑事被収容者処遇法や刑事施設民営化など，伝統的問題について新しい動きを含めて論じる。今日の刑事政策学の基本テーマを網羅した26論文を収載。

———法律文化社———

表示価格は定価（税込価格）です